ビジュアル音声学

川原繁人

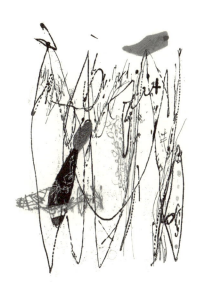

三省堂

装　　画：馬場知子　Caprice noble Ⅰ
デザイン・本文組版：伊藤庸一
編集協力：㈱翔文社

目 次

1 **序 章** 8

1.1 **本書について** 8

　1.1.1： 音声学とは何か 9

　1.1.2： 本書の使い方 10

　1.1.3： 対象とする読者 12

　1.1.4： 本書を書いたわけ 13

1.2 **文字と音の違い：音声記号** 15

1.3 **本書に書けなかったこと** 18

1.4 **参考文献について** 19

2 **調音音声学** 20

2.1 **調音音声学とは何か** 20

2.2 **調音点** 22

　2.2.1： 調音点基礎 22

　2.2.2： MRI で見る調音点 28

　2.2.3： 拗音…硬口蓋化した調音 30

　2.2.4： EPG で見る調音点 32

2.3 **調音法** 36

　2.3.1： 調音法基礎 36

2.3.2：MRI で見る調音法 40

2.3.3：MRI で見る [r] と [l] 40

2.3.4：EPG で見る調音法 40

2.4　有声性（喉頭特徴） 46

2.4.1：有声性基礎 46

2.4.2：EGG で見る有声性 47

2.4.3：PGG で見る有声性 50

2.4.4：ハイスピードカメラで声帯を見る 53

2.5　調音点・調音法・有声性のまとめ 56

2.6　母音の調音 58

2.6.1：日本語の母音 58

2.6.2：MRI で見る日本語の母音 60

2.6.3：英語の母音 62

2.6.4：MRI で見る英語の母音 64

2.7　調音の理解を深める 66

2.7.1：EMA で見る調音運動 66

2.7.2：超音波で見る調音運動 70

2.8　空気力学 74

2.8.1：口腔内気圧変化 74

2.8.2：有声阻害音における空気力学 76

2.8.3：空気の流れを測る…ナゾメーター 83

2.9	その他のトピック	86
2.9.1：促音		86
2.9.2：アクセント		88

③ 音響音声学　94

3.1　音響音声学とは何か　94

3.2　音響音声学基礎　98

3.2.1：三角関数基礎　98

3.2.2：様々な正弦波　102

3.2.3：疎密波を横波に変換する　104

3.2.4：音の強さ・大きさ…デシベルとパスカル　106

3.2.5：波を重ねる・分解する…スペクトル　114

3.2.6：スペクトルからスペクトログラムへ　120

3.3　共　鳴　124

3.3.1：ソース・フィルターモデル　124

3.3.2：周波数を求めるために…$f = c/\lambda$　126

3.3.3：一管モデル…境界条件と第一共鳴　128

3.3.4：一管モデル…その他の共鳴　130

3.3.5：二管モデル　134

3.3.6：三管モデル　136

3.4 　実際の音声の音響特性 140
3.4.1：日本語の母音 140
3.4.2：英語の母音 144
3.4.3：摩擦音 146
3.4.4：破裂音と調音点 150
3.4.5：様々な調音点のフォルマントへの影響…MinMax ルール 154
3.4.6：鼻音 156
3.4.7：流音 158
3.4.8：有声性 160
3.4.9：スペクトログラムを読み解く 166
3.4.10：英語の強勢 172
3.5 　付　録 174
3.5.1：付録 1…指数関数と対数関数 174
3.5.2：付録 2…アナログとデジタル 182

④ 知覚音声学 186

4.1 　知覚音声学とは何か 186
4.2 　聴覚のメカニズム：耳から脳へ 188
4.3 　音響から知覚へ 194
4.4 　カテゴリー知覚 200

4.5	様々な知覚実験方法と信号検出理論	204
4.6	知覚バイアス	210
4.7	知覚と正規化	215
4.8	多感覚知覚	218
4.9	知覚と第二言語習得	222
4.10	補　足	225

5　終　章 226

5.1	書籍案内	226
5.2	データ出典	231
5.3	謝　辞	232

主要用語索引（英語訳付き）.......................... 234

1 序章

1.1 本書について

　本書は「ビジュアル音声学」、すなわち「目で見る音声学」の本である。音声学は、著者の経験から言っても、とっつきにくいと思われがちな分野である。そのとっつきにくさを克服するために、本書ではたくさんの資料を用い、「目で見て」音声学が理解できるように心がけた。本書を独学で使う読者も学校の教科書として使う読者も、積極的に資料を「見て」、練習問題を解きながら、音声学の理解を深めてほしい。

　先に執筆した拙著、『音とことばのふしぎな世界』と『「あ」は「い」より大きい!?』では、音声学の面白いところだけをかい摘んで、音声学への垣根を下げることに専念した。この二冊は読者の興味を引きつけるためには有効かもしれないが、これらを読んで「音声学の基礎を『全て』理解しました」と言うには十分だとは言えない。そこで本書では、音声学の基礎を網羅することを試みた。本書を最後まで読んでしっかり理解すれば、「音声学の基本は理解しています」と堂々と胸をはれる内容になっている。

　今回は「直球勝負」で臨んだため、前二作で取り扱った「メイドさん」「ポケモン」「日本語ラップ」などの変化球は本書には登場しない。「まずは楽しく学びたい」という人は、前二作を読んでからの方が本書の内容を理解しやすいかもしれない。もちろん、最初からこの本で直球勝負に立ち向かうのも大歓迎である。前二作は電車の中でも気軽に読める本を目指したが、本書はペンと紙を持って計算したり、図や表をなぞったりしながら、じっくりと読むことをおすすめする。

　ただ、直球勝負をしながらも、本書には息抜きになるようなトピックもふんだんに盛り込んである。音声学の魅力は、身近に溢れる音声コミュニケーションの謎が解けることにある。また、入門的なことだけが書

いてあっては面白くないという読者のために、本書では最新の音声学の知見も積極的に紹介している。

1.1.1：音声学とは何か

では早速、「音声学とは何か」から解説していこう。まず、世の中には色々な「音」が溢れているが、その中で「人間が口などを使って作りだす音」を「音声」と言う。音声学とは、「人間が音声を使ってコミュニケーションをとる時に何が起きているかを科学的に探求する学問」である。この一文でピンとこない人は、以下の質問について考えてみてほしい。

（A）「ば」と「が」の発音はどう違うのか？
（B）「あ」と「い」の発音はどう違うのか？
（C）英語の r は巻き舌と言われるが、何をどのように巻いているのか？
（D）日本人が慣れ親しんでいる 50 音表は、なぜあの並びなのか？

（E）話者と聴者は空間的に離れているのに、なぜ話者が話すことば（音）が聴者に伝わるのか？
（F）現代では声を録音してメールなどで遠くに送ることができるが、それにはどのような技術が使われているのか？
（G）裁判や犯罪捜査で使われる「声紋」とは、一体何なのか？

（H）人間の耳はどのような仕組みで、相手が発した音声を脳に伝えているのか？
（I）外国語の聞き取りは、なぜ難しいのか？
（J）電話で話すと、相手と面と向かって話す時よりも聞き取りが難しいことがあるのはなぜか？

これらは、全て音声学の問題である。問（A）-（D）は「音をどう発音す

るか」に関する問題であり、第2章でこれらの問題について詳しく解説する。問(E)–(G)は「音が話者から聴者にどのように伝わるか」に関する問題で、第3章で扱う。問(H)–(J)は「人間が音をどのように理解するか」に関する問題で、第4章で取り扱う。本書を読み終えた時には、これらの疑問に全て答えられるようになっているだろう。

このように、音声学は (1)「話者がどのように口を動かして音を発するのか」(2)「その音が空気中をどのように伝わるのか」(3)「聴者が話者の発した音をどのように理解するのか」を研究するものである。私たちは普段、意識せずに音声コミュニケーションを行っており、どのようなシステムのおかげでそれが可能になっているか考えることは少ない。しかし、人間の音声コミュニケーションの背景には驚くべきシステムが存在している。本書では、豊富な図・グラフ・表を用いながら、そのシステムを紐解いていく。

1.1.2：本書の使い方

本書は、基本的に、音声学に関する知識がない読者を想定した入門書である。よって、入門書らしく、練習問題が随所に登場する。ほとんどの場合、答えは読み進むと書いてあるが、焦って読み進めず、自分の口や手を動かして各問題に取り組んでほしい。一方、先に述べたように、本書は入門書でありながら、最新の研究の知見も盛り込んであり、すでに音声学を知っている人にも楽しんでもらえるだろう。本書はこれ一冊で主教材としても使えるが、資料集として他の入門書の副教材用としても使えるはずである。また、本書に出てくるグラフや表のデータを読み解くことは、科学的思考のトレーニングにもなる。本文中に解説されていることだけでなく、図・グラフ・表から何が読み取れるのかも自分で積極的に考えてみてほしい。

本書では、具体的な題材として、主に日本語の音声と英語の音声を用いた。日本語は身近で分かりやすく、英語は「英語の音をもっと理解したい」というニーズがあるからである。しかし、本書で扱う例は日本語

や英語が中心であるものの、音声学一般の考え方も紹介するので、本書を通して身につけた知識や技術は他の言語の音声を学んだり、分析したりする際にも役に立つはずである。

　他言語にはどのような音が使われているのか、あるいは、ある特定の音がどのような言語で使われているのか気になる場合は、UPSID（UCLA Phonological Segment Inventory Database）[1][2] や P-Base というデータベースを使うと、無料でオンライン検索ができる[3]。また iPA Phonetics という iOS のアプリでは、現在確認されている世界中の言語音を全てを聞くことができ、その発音の仕方も実際に「見る」ことができる[4]。このアプリも無料なので、ぜひ有効活用してほしい。

　著者の本書用ウェブサイトには、学びを深めるために以下の補助資料を掲載した（**http://user.keio.ac.jp/~kawahara/sanseido.html**）：

(1) 調音や音響の理解に役立つ動画
(2) 本書で扱う音が実際に聞ける音声ファイル
(3) 音声ファイルの作成や図の作成に用いたスクリプト
(4) カラーの図（一部）
(5) 補足説明や補足練習問題
(6) 本書で紹介するウェブサイトへのリンク集
(7) 英語の音声学用語の日本語訳と本書のどこでそれらが論じられているかをまとめた Excel ファイル

本文中の【参考動画あり】【参考音声あり】【カラー図あり】【R スクリプトあり】【xls ファイルあり】などの表示は著者ウェブサイト参照を表す。
　これらの資料は、教育用であれば、筆者に連絡することなく自由に使

---

[1] http://phonetics.linguistics.ucla.edu/sales/software.htm
[2] http://web.phonetik.uni-frankfurt.de/upsid.html
[3] http://pbase.phon.chass.ncsu.edu
[4] https://itunes.apple.com/jp/app/ipa-phonetics/id869642260?mt=8

用して構わない。ただし、著作権を放棄しているわけではないので、引用する場合、出典が本書であることを明記してほしい。出典を明記しない研究目的での使用、および無断での商用目的の使用は禁止する。

　本書では、できるだけ詳細かつ正確な説明を試みたが、やむをえず多少ぼかして書かなければならないところもあった。例えば、音響を本当に理解するためには「偏微分方程式」を用いて「波動方程式」を解かなければならないが、偏微分方程式は高校数学に含まれていないので、入門書としての本書に含めることは不可能だった。そのようなわけで、本書には、一部「感覚的な説明」もあることをあらかじめ断っておきたい。

　音声学には、他の学問でもそうであるように、まだ決着のついていない問題や課題も多い。それらについてはできるだけ中立的な記述を心がけたが、解釈に著者のバイアスが影響した部分があろうことは否めない。これは学問一般に言えることだが、著者の解説を全て鵜呑みにするのではなく、ぜひ批判的に読んでいただければ幸いである。

1.1.3：対象とする読者

　本書は音声学を包括的に紹介しているので、音声学を学びたいと願う全ての人におすすめしたい。音声学入門の授業を取っている大学（院）生はもちろん、高校生にも読んでほしい。

　音声学は、色々な学問分野と隣接しており、本書はこれらの隣接分野に興味を持つ読者にも有効活用してもらいたい。音声学は声を発することそのものに関わるので、歌うことにも関係がある。声楽やボイストレーナー、それに楽器の音響に興味がある人にも、本書（特に音響の章）は有用なはずである。また、音声学は心理学とも関わりが深い。特に知覚音声学の半分は、心理学そのものである。よって、本書は心理学の専門家で音声やコミュニケーションに興味がある人にも有意義であろう。音声学はさらに、「我々は世界を客観的に認識できるのか」という哲学的な問いにも関わる。特に、知覚の章は哲学的認識論に興味がある人で、新しい角度からその問題を考えてみたい人におすすめしたい。本書はまた、

言語聴覚士を目指す人にも有用である。ページの都合上、言語聴覚士が知るべき音声学の全てが詰まっているわけではないが、副読本の資料集として役立ててほしい。

1.1.4：本書を書いたわけ

　本書を執筆した理由は、四つある。第一の理由は、日本語で音声学の教育資料をまとめたいと思ったからである。著者は日本の大学を卒業するまで、「音声学」というものは「音韻論」という別の学問の前提にすぎないと教えられていたため、アメリカの大学院では音韻論を専攻するつもりだった。しかし、音声学者である恩師との出会いを通じて音声学の真の魅力を知り、気づけば音声学にのめり込んでいた。だが、その恩師の授業が簡単だったかと言うとそうではない。彼は、学生は基本的な生理学・数学・物理学の知識を持っているものとして授業を進めるので、いわゆる文系出身の著者は自分で数学や物理の教科書を見直す日々が続いた。それらが非常に良い訓練となったことは間違いなく、彼の授業からは多くを学んだが、正直「前提となる数学や物理をもう少し易しく説明してもらえたら…」という思いもあった。そんなわけで、その後、著者自らがアメリカで教鞭をとった際には、数学・物理学などの前提知識を盛り込んだ教材も作成した。しかし、その教材は英語だったため、のちに日本の大学で用いた際には必要のない混乱を招いたこともあった。このような背景から、「音声学の教材を日本語でまとめたい」と思った次第である。

　第二の理由は、日本に存在する音声学の資料を教育用にまとめる必要を感じたからである。音声学研究においては、日本が世界をリードしていた時代がある。1965年に東京大学の医学部に設置された「音声言語医学研究施設」（通称「音声研」）では、当時最先端の研究がなされ、今でも重要な古典となっている論文が数多く存在する[5]。音声研のおかげ

---

[5]　http://www.umin.ac.jp/memorial/rilp-tokyo/

もあり、日本には MRI 動画や声帯のハイスピードカメラ動画など、素晴らしい教材が溢れている。しかし残念ながら、それらの資料は一箇所にまとまっておらず、初学者が音声学を学ぶ時に、実際に手に取って見られるような形にはなっていない。そこで、本書ではそれらの資料をまとめて、初学者の助けとなるようにした。

第三の理由は、著者が音響音声学を教えるのにちょうど良いと思われる教科書がなかったためである。既存の教科書が悪いというわけではなく、基礎から人間音声の音響まで網羅している教科書がなかったということである。数学的にしっかりしたものは工学系の学生のために書かれていて文系の初学者には難しすぎ、人間音声に関する記述が少ない。逆に、文系学生向けの教科書では、音響の基礎となる数学の説明がほとんどなく、音響を本当の意味で理解することはできない。そこで、本書では基礎から一歩一歩、文系の学生でも人間音声の音響を理解できるようにすることを心がけた。

本書執筆の最後の理由としては、前二作の執筆理由と同様に、「音声学の魅力をもっと多くの人に知ってほしい」という著者の心の声があげられる。先に述べたように、音声学はときに音韻論の前段階としてさわりだけを教えられることがある。また、「英語学」の必修科目の「英語音声学」として教えられる場合には、英語の発音が良くなると思って期待して履修した結果、失望感だけを味わうという不幸なケースも往々にして見られる。「理論言語学」を専門とする人の中には、数字を見るのが好きではなく、「音声学はさっぱり分からない」と初めから敬遠している人もいる。しかし、実は、音声学ほど魅力的な学問はない。こう断言できるのは、著者がその魅力に取り憑かれているからだけではない。事実、音声学は私たち人間の日々の音声コミュニケーションに深く関わっており、音声学を通じて難病患者の声を救う活動を行ったり、第二言語習得の手助けをしたり、絶滅の危機にある言語を救ったりと、色々な分野にも応用されている。よって、本書も前二作同様、音声学が日本においてより広く知られることを願って書いたものである。

1.2　文字と音の違い：音声記号

1.2　文字と音の違い：音声記号

　さて、本題に入る前に、ここで少し準備運動をしておこう。音声学を学ぶ際に壁の一つとなるのが「文字と音の違い」である。特にひらがな・カタカナに慣れている日本人は、「文字と音の違い」をしっかり理解しておく必要がある。ひらがなは基本的に「子音＋母音」のセットでできている。母音だけを表す「あ、い、う、え、お」も存在するが、子音だけを表す記号は「ん」と「（小さい）っ」を除いて存在しない。

　例えば、「ば」は「[b] という子音」と「[a] という母音」という二つの音から成り立っている。音声学では、音を表す時にはその音を [ ] で括るという約束がある。それぞれの文字にどんな母音が含まれているかは、「ば」を「ばあああああ」と伸ばして発音すると母音の部分だけが伸びるので、容易に分かる。「ばあああ、びいいい、ぶううう、べええええ、ぼおおお」と発音してみると：

　　「ば」= [ba]　「び」= [bi]　「ぶ」= [bu]　「べ」= [be]　「ぼ」= [bo]

となり、「ば行」の子音は全て [b] であることが分かる。「それはそうだ」と思うかもしれないが❶、実は、他の行では、同じ行に含まれる子音が全て同じ子音になるとは限らない。

　「は行」の「は、ひ、ふ、へ、ほ」を気をつけて発音してみよう。「は行」の子音の中には [h] と違う子音が二つ含まれている。自分で何回か

> **❶ 本当に「ば行」の子音は全て同じ子音か？**
> 　本書ではこのような形でコラムを設け、少し脇にそれた題材や難しい概念の補足などを行う。コラムの位置は❶のような記号で示してある。このコラムでは「本当に『ば行』の子音を全て同じ音とみなして問題ないのか」考えてみよう。実は、子音は後ろに来る母音の影響を「必ず」受けるので、後に続く母音が変われば、「子音が全く同じになる」ことはありえない（P.44 参照）。つまり、「同じ音」と言う場合、「些細な違いは抜きにして」ということが常に前提にある。しかし、「どの違い」を「些細」とみなすかは研究者によって異なり、「ば行」の子音についても、全て同一とみなすか否かで意見が分かれる。

15

発音して見つけてほしい。一つ目は「ふ」の子音であり、これは唇が丸まるので [h] との違いがはっきりと分かるであろう。二つ目は「ひ」の子音だが、「は」と「ひ」を何回か意識して発音してみると、「ひ」の方が口の中の前の方で発音されているのが分かる。このように、「は、ひ、ふ」の子音は全て異なる。

では、「は行」の子音を表す際、「は」の子音は [h] で書けば良いとして、「ひ」や「ふ」の子音はどのように書いたら良いのだろうか？ この問題に対処するため、音声学では国際音声記号（*International Phonetic Alphabet*; IPA）を使う。この記号を使うと、「は行」は以下のように表される：

「は」= [ha]　「ひ」= [çi]　「ふ」= [ɸu]　「へ」= [he]　「ほ」= [ho]

「ひ」と「ふ」の部分に見慣れない記号が出てくると思うが、これらを含めた IPA の全ての記号を見たい人は、https://www.internationalphoneticassociation.org を参照すると良い。自分で IPA を打つ場合は、オンラインサイトの http://westonruter.github.io/ipa-chart/keyboard/ が便利である。このサイトを利用すると Unicode を使って IPA を打つことができるので、文字化けの心配がない。

表 1.2-1 は、本書で使う日本語の音と IPA の対応表である。ローマ字表記と違って特に注意が必要なところを強調してある。ちなみに、IPA は音声学を学んでいるうちに自然に身につくものなので、今の時点で無理に暗記する必要はない。

ローマ字表記と異なる記号については本書の中でも解説していくが、全体的な注意点をここで少し述べておこう。まず「や行」だが、IPA では [j] を使う。[j] がローマ字のように「じゃ、じゅ、じょ」を表す音ではないことに注意してほしい。また、「が行」には、[g] ではなく [ɡ] を使うことが音声学においては慣例となっている。[ç] や [z̪] といった見慣れない記号については、第 2 章で詳しく説明する。

「ん」の音には、[N] という記号が割り振られている。「ん」は「撥音（はつおん）」

1.2 文字と音の違い：音声記号

あ [a]	い [i]	う [u]	え [e]	お [o]
か [ka]	き [ki]	く [ku]	け [ke]	こ [ko]
さ [sa]	し [ɕi]	す [su]	せ [se]	そ [so]
た [ta]	ち [tɕi]	つ [tsu]	て [te]	と [to]
な [na]	に [ni]	ぬ [nu]	ね [ne]	の [no]
は [ha]	ひ [çi]	ふ [ɸu]	へ [he]	ほ [ho]
ま [ma]	み [mi]	む [mu]	め [me]	も [mo]
や [ja]		ゆ [ju]		よ [jo]
ら [ra]	り [ri]	る [ru]	れ [re]	ろ [ro]
わ [wa]				ん [ɴ]
ば [ba]	び [bi]	ぶ [bu]	べ [be]	ぼ [bo]
だ [da]	ぢ [zi]	づ [zu]	で [de]	ど [do]
が [ga]	ぎ [gi]	ぐ [gu]	げ [ge]	ご [go]
ざ [za]	じ [zi]	ず [zu]	ぜ [ze]	ぞ [zo]
ぱ [pa]	ぴ [pi]	ぷ [pu]	ぺ [pe]	ぽ [po]

表 1.2-1：日本語の音と IPA の対応表。

と呼ばれ、次にどのような音が来るかによって、異なった音として発音される。例えば、「わんたんめんかん」と発音した場合の四つの「ん」は全て発音が異なり、音声記号で書くと、左から [n]、[m]、[ŋ]、[ɴ] となる。[ɴ] は「ん」が語末に来た時に使われる記号である。

　日本語の「ら行」の音には [r] という記号を使う研究者もいるが、「ら行」の音には発音の仕方がありすぎて、一つの記号で表すのは不可能である。また、英語の r の音に [ɹ] を使う研究者もいるが、この音にも様々な発音の仕方があって、一つの記号で定義することはできない。よって、本書では日本語の「ら行」にも英語の r にも [r] の記号を使うことにする。

　最後に、日本語の「う」を [ɯ] という記号を用いて書くべきだとする研究者もいるが、著者はこの意見に賛成ではないので、単純に [u] の記号を用いる。

17

序章

1.3 本書に書けなかったこと

先に、本書では「音声学の基礎を網羅することを試みた」と述べたが、紙面の都合上、どうしても扱えなかったトピックがある。以下にその例をあげる❷：

> 筋肉の仕組み、声帯振動の仕組み、呼気の仕組み、非肺臓気流発声法、様々な母音の質とその音響特徴、入射波と反射波、狭帯域分析スペクトログラム、声調言語、イントネーション、音節、韻律構造、locus equation、声の個人性、周波数の知覚的単位、等ラウドネス曲線、非言語音と言語音の聞き取り、知覚理論、Exemplar Theory、プライミング、反応時間、音声学と情報理論、音声学と音韻論との接点、コーパス音声学

これらは著者が「音声学の重要なトピックではない」と判断したものでは決してない。むしろそうではなく、「思い入れがあって簡単には書けない」と断念したものも多い。本書では、苦渋の判断でこれらのトピックを扱うことを断念したが、他の概念との絡みで多少紹介したものも一部ある。本書で扱えなかったこれらのトピックについては、第5章の書籍案内を参考にしてほしい。

---

❷ 英語は上手くなるか？
　英語の発音の上達に役立つと思って音声学を学ぶ人も多い。本書は英語の音声特徴を詳しく説明しているので、英語の発音練習にも役立つだろう。補助資料の音声や動画を通じ、科学的な方法を用いて生の英語の音に直に触れることで、英語の音声に対する新たな発見も得られるだろう。また、一般音声学の知識を身につけると、音に関する感覚が研ぎ澄まされる。その感覚はどの言語を学ぶ時にも役に立つだろう。

1.4 参考文献について

　最後に、本書は入門書ではあるが、引用には音声学の理論発達に貢献した研究の原典をできるだけ用いた。これは、本書を読み終えた後の読者へ次のステップを示すためである。原典の多くは英語だが、ぜひチャレンジしてほしい。英語で原典を読むための助けとして、主要用語索引には本書で紹介する専門用語の英語訳も載せた。参考ウェブサイトに用意した英語の専門用語の訳語集も有効活用してほしい。

　では、準備体操をしてあたたまったところで、直球勝負に入っていこう。

2 調音音声学

2.1 調音音声学とは何か

　音声学は「人間が音声を使ってコミュニケーションをとる時に何が起きているか」を科学的に研究する学問である。話者が誰かに話しかける状況を想像してみよう。まず、(1)話者が肺から空気を口の中に流して声帯を振動させ、同時に舌や唇を動かして音声を発する。(2)その音声が空気の振動となって、聞き手の耳に伝わる。そして、(3)聞き手はその空気の振動を話者が意図したことばとして解釈する。この(1)から(3)の一連のプロセスを研究・理解しようとするのが音声学である。(1)を研究するのが「調音音声学」、(2)を研究するのが「音響音声学」、(3)を研究するのが「知覚音声学」である。音声学を学ぶ際は、この順番で学ぶことが多い。調音音声学を理解することなく音響音声学は理解できないし、音響音声学を理解することなく知覚音声学を理解することは不可能だからである。

　よって本書でも、まず調音音声学について学ぶ。「調音」❶という単語自体、聞きなれないものかもしれないが、「発音」を専門的に言ったものと解釈して構わない。調音音声学では、人間が音声を発する際「口の中で何が起きているか」を客観的に記述することを目指す。

　では、「調音を客観的に記述する」というのはどういうことだろうか。こんな状況を想像してみると分かりやすい。あなたの前に、人間と全く同じ生物学的構造を持っているが、人間言語を話さない宇宙人がやってきたとする。あなたは、その宇宙人に、日本語や英語などの調音の仕方を教えてあげなければならない。その場合、どのような教え方が効果的だろうか。その答えの一つとなるのが、調音音声学、つまり「誰にでも分かる形で（客観的に）音声の調音方法を記述すること」である。

　伝統的な調音音声学では、(1)口のどこを使って音を出すか（「調音点」）、

（2）口をどのように使って音を出すか（「調音法」）、（3）声帯の状態はどうなっているか（「有声性」）の三つの観点から音を記述する。そして、これら「調音点・調音法・有声性」という三つの概念を理解するには二つアプローチがある。一つは、自分で実際に音を発音してみて感じる方法である。試しに「た、た、た」と繰り返し発音してみると、「た」の子音部分の [t] では、舌先が上に上がって、上の歯の少し後ろにあたるのが感じられるだろう。次に「っっっった」のように舌先の閉じを長く保って、しかも肺からの空気は口に流しつつ [t] を発音してみよう。すると、口の中で舌が押されるような、圧力の上昇が感じられるだろう。これらが直感的に感じられれば、「調音点・調音法・有声性」の理解への第一ステップをすでに踏み出していることになる。このような調音動作を厳密に記述していくことから、調音音声学は始まる。

　また、二つ目の方法は、近代科学技術を使って「調音をより客観的に可視化する」方法である。自分で発音してみる方法は何より簡単であり、自分の調音の仕方を実感できる楽しみもあるが、全ての調音器官の動きが感じられるわけではなく、外国語の発音になると発音してみることもできない。未知の言語の調音特徴を記述するのも音声学者の仕事だが、もともと調音の仕方が分からない音を発音することは、よほど音声学のトレーニングを積んだ学者でないと（であっても？）難しい。そこで有用なのが、近代的な科学技術を使って調音を可視化する方法である。

　本章ではこれら二つのアプローチを組み合わせ、「調音点・調音法・有声性」を理解することを目指す。

　本章ではまた、以上のような基礎的概念を学んだ後、空気力学についても触れる。音を発音する時には空気が流れるので、その空気がどのように流れるのかを理解することも音声学の課題の一つである。また、日本語に特徴的に見られ、音声学的にも非常によく研究されている「促音」と「アクセント」に関しても簡単に解説する。

調音音声学

2.2 調音点

2.2.1：調音点基礎

　音には大きく分けて「母音」と「子音」が存在するが、まず、子音の調音点から見ていこう。調音点とは「口腔のどこで狭めや閉じを起こすか」ということである。口腔（「こうくう」または「こうこう」）というのは「口の中」を専門的に言ったものと理解すれば良い。ここで、「ぱ、ぱ、ぱ、ま、ま、ま」と発音してみよう。実際に発音してみると、これらの音を発音する時には両方の唇（両唇）が閉じることが分かるだろう。次に、「た、た、た、な、な、な」と発音してみよう。これらの音を発音する時には、舌先が上がって、上の歯の後ろの部分にあたる。舌先があたる正確な場所は人によって少し異なるかもしれないが、上の歯の少し後ろあたりではないだろうか。「か、か、か」と発音すると、口腔のもっと奥で舌❷が盛りあがるのが感じられると思う。このように子音を発音する際に、口腔内で狭めや閉じが起きる場所を「調音点」と言う。

••••••••••••••••••••••••••••• 練習問題1 •••••••••••••••••••••••••••••

　日本語に存在する代表的な子音の調音点を、「か、さ、た、な、は、ま、や、ら、わ、ぱ」を自分で発音して確認しなさい。「発音しても正確な位置が分かりにくい音がある」と思う人もいるかもしれない。むしろ、その方が自然である。筆者も最初はそうであった。そのような場合、調音点の正確な位置はMRIを使うとよく理解できるので、後で確認してみよう（2.2.2節）。

•••

　また、音を出さなくても、手軽に調音点を感じられる方法がもう一つある。例えば、「さ」の母音部分である [a] を発音せず、子音部分 [s] を発音する口の形をして、息を吸い込んでみると、冷たくなる部分があるだろう。狭めが起こっているのはその冷たくなる部分である。おそらく

22

上の歯の後ろの部分あたりが冷たくなったのではないだろうか。では、同じように「しゃ」の母音を発音せずに、子音 [ɕ] を発音する口の形で息を吸ってみよう。おそらく、「しゃ」の時の方が「さ」の時のよりも、冷たくなる部分が口の奥の方にあるのが感じられると思う。これは「しゃ」の子音の調音点が、「さ」の子音より後ろにあるからである。

•••••••••••••••••••••••••• 練習問題2 ••••••••••••••••••••••••••

　同じようなテストが「ひ」の子音である [ç] や「は」の子音である [h] でもできる。どこが冷たくなるだろうか。実際に試して、確認しなさい。

•••

■ 「発音」と「調音」何が違うのか？
　英語でも *pronunciation*（発音）と *articulation*（調音）という区別がある。あえて違いを言うならば、前者は「あなたの英語の発音はきれいね」という文脈で使われるように、調音運動の結果としてのその音の聞こえ方を含むことがあるのに対し、後者はそのような音響の概念を全く含まない。また「調音する」という動詞的な用法はあまり一般的ではないので、本書では動詞の場合は「発音する」と記す。

■ この漢字をどう読むか？
　音声学では「舌」を「ぜつ」と読むこともあるが、「した」と読んでも怒られはしない。同じように、「顎」のことを「あご」と読まず、「がく」と読むこともある。

調音音声学

　では、図 2.2.1-1 の MRI（2.2.2 節）の画像を用いて調音器官の名前を解説していこう。この画像では話者が左を向いているので、左から右にいくにつれて口腔の前から奥に進むことになる。左から順に説明していこう。「上唇・下唇」は、言うまでもないが、それぞれ「上にある唇」と「下にある唇」である。「歯茎」は「上の歯の根元周辺」を指す（「はぐき」と読まないように注意しよう）。自分の舌で、口の天井（口蓋）を、歯茎から始めて、前から後ろになぞってみると、前の部分は硬く、後ろの部分は柔らかいことが分かると思う。硬い部分は「硬口蓋」、柔らかい部分は「軟口蓋」と言う。軟口蓋のさらに後方には「口蓋帆」があり、これは口と鼻がつながっている部分をふさぐ弁の役割も果たしている。口蓋帆は「口蓋垂」（いわゆる「のどちんこ」）も含む。「咽頭」は喉の壁のことを指す。「喉頭」の中には声帯が入っており、この声帯を振動させることで人間は声を出す。喉頭は外側からは「のどぼとけ」として触れることができる。

　さて、様々な音声の調音点を定義する方法は、二つある。「発音する際にどの調音器官が動くか」で定義する方法と「調音器官の動作の結果、口腔のどの部分で狭めや閉じが起こるか」で定義する方法である。前者の定義で使用される器官は「能動調音器官」、後者の定義で使用される器官は「受動調音器官」と呼ばれる❸。音によっては、能動調音器官と受動調音器官が同一となるものもある。例えば、「ぱ」の子音である [p] は両唇を使って音を出すので、能動調音器官によると「両唇音」と定義されるが、両唇において閉じも起こるため、受動調音器官によっても「両唇音」となる。一方、「た」の子音である [t] は、舌頂（舌先）を使うため、能動調音器官によると「舌頂音」と定義されるが、舌先が歯茎部分で閉じを作るため、受動調音器官によると「歯茎音」と呼ばれる。また、「か」の子音である [k] は、能動調音器官によれば「舌背音」、受動調音器官によれば「軟口蓋音」と呼ばれる。

　では、日本語や英語で使われる子音を受動調音器官の観点から分類してみよう。ここからの数段落を読むと、覚えることがたくさんあるよう

2.2 調音点

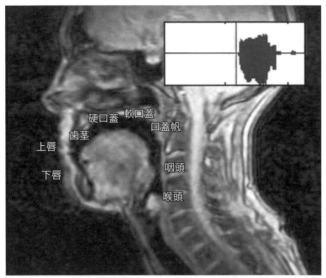

図 2.2.1-1：人間の調音器官。右上のパネルは音声波形（音声波形については音響音声学の章を参照）。

❸ どちらの分類法を使えば良いのか？

音声学者は受動調音器官で音を定義し、音韻論者は能動調音器官を使って音を定義する傾向があるが、これはあくまで傾向である。どちらが正しいということはなく、「調音点を定義するには二つの方法がある」ということを理解しておくことが重要である。また、他の人が書いた論文を読む際にも、どちらが使われるか決まりはないので、両方理解しておくに越したことはない。

に感じてしまうに違いない。しかし、「この音がこの調音点」と暗記するのではなく、表 2.2.1-1 に照らし合わせながら読んでほしい。ここでは、「色々な調音点の音がある」と理解するくらいで十分である。調音点などの概念は音声学と触れ合っていれば自然と覚えてしまうものである。

左上から順に見ていこう。[p]、[b] などは両唇で閉じが起こるので「両

唇音」である。また、日本語の「ふ」の子音部分は音声記号で書くと [ɸ] となるが、この音も両唇で丸まりが起こるので、「両唇音」である。実際に何度か発音して、唇が丸まるのを確かめてみよう。また、日本語には存在しないが、上の歯を下唇にあてて発音する英語の [f] や [v] などは「唇歯音」と呼ばれる。ちなみに、この英語の [f] や [v] の発音については「下の唇を噛む」という表現がよくなされるが、実際には上の歯を下唇に添える程度で十分である。[w] も両唇で狭めが起こるので「両唇音」である。ただし国際音声記号では、[w] は「両唇」と「軟口蓋」両方で狭めが起こるとされる。どちらにせよ、[w] の発音に両唇がかかわっていることは間違いない。

　次に、歯茎周辺から軟口蓋で発音される音を見ていこう。まず、[θ] と [ð] は英語で th と書かれる音に対応しており、それぞれ thin や this の語頭の音である。舌が上の歯と下の歯の間に付けられ歯の間で狭めが作られるので「歯間音」、または単純に「歯音」と呼ばれる。次に、舌先を上げて歯茎部分で口腔を閉じる [t]、[d] などは「歯茎音」と呼ばれる。また、英語で cash のような単語の最後に現れる音は、音声記号 [ʃ] で表し、「後部歯茎音」と呼ばれる。さらに、後部歯茎音にはもう一つ、juice のような単語の先頭に現れる音 [dʒ] がある。次に「歯茎硬口蓋音」であるが、日本語の「しゃ、しゅ、しょ」の子音は英語の [ʃ] と違い、歯茎・硬口蓋の両方で狭めが起こるとして、[ʃ] ではなく [ɕ] の記号を使って表す学者もおり、本書もその慣習に従う(1)。また同じ理由で、「じゃ、じゅ、じょ」の子音部分には [ʑ] の記号を使う。日本語の「ひ」の子音である [ç] の音は「硬口蓋音」である。また「や行」の子音である [j] も「硬口蓋音」とされる。「軟口蓋音」は、[k] や [g]、それに「鼻濁音」として知られる [ŋ] を含む。鼻濁音とは「が行」の音が母音に挟まれた時に鼻に抜ける音に変化した音のことで、少し昔の東京方言❹でも観察された。今でもテレビのアナウンサーは鼻濁音を使うことが推奨されており、東北の方言ではきれいな鼻濁音を聞くことができる❺。

　また、軟口蓋よりも奥で発音される音には、声帯そのものが閉じる「声

能動	唇		舌頂		舌頂+舌背			舌背	喉頭
受動	両唇	唇歯	歯	歯茎	歯茎硬口蓋	後部歯茎	硬口蓋	軟口蓋	喉頭
	p			t				k	ʔ
	b			d				g	
	ɸ	f	θ	s	ɕ	ʃ	ç		h
		v	ð	z	ʑ	dʒ			
	m			n				ŋ	
				r					
				l					
	w						j		

表 2.2.1-1：調音点のまとめ。日本語や英語に現れる音に限る。

4 標準語？

　一般的に「東京のことば＝標準語」と認識している人が多いと思うが、音声学の立場では、どの地方のことばも「方言」である。「何が標準か」というのは得てして政治的な問題であり、東京のことばを指す時、音声学では政治的に中立な「東京方言」という表現を用いた方が良い。

5 鼻濁音を感じる

　著者は東京の生まれなので、普段の会話では鼻濁音を使わない。音声学を学びだした当初はピンとこなかった鼻濁音だが、ある時、ある曲を聞いてとてもよく理解できた。その曲とは機動戦士ガンダムのオープニングの曲である『翔べ！ガンダム』である。サビの部分で、「燃えあがれ、ガンダム」という歌詞が出てくるが、「燃えあがれ」の中に出てくる「が」は [ŋa] と発音され、「ガンダム」の「ガ」は [ga] と発音されていて違いがよく分かる。鼻濁音が良く分からない人はぜひ聞いてみてほしい。

---

(1) Vance, T. (2008) The sounds of Japanese. Cambridge: Cambridge University Press.

門閉鎖音」である [ʔ] や、喉頭が狭められる [h] などがある **❻**。 アラビア語などでは、ほかにも口腔の奥で発音される音が多く使われるが、本書では扱わない。以上が一般的に使われる受動調音器官である。

では、能動調音器官に移ろう。能動調音器官は、四つの調音器官に分類されることが多い。狭めや閉じを作るために、唇を使う音を「唇音（しんおん）」、舌先を使う音を「舌先音（舌頂音）（したさきおん）（ぜっちょうおん）」、舌の胴体を使う音を「舌背音（ぜっぱいおん）」、喉頭を使う音を「喉頭音」と呼ぶ。「歯茎硬口蓋音・後部歯茎音・硬口蓋音」は「舌頂」と「舌背」両方を使うとされている⁽²⁾。以上をまとめると、表 2.2.1-1 のようになる。

繰り返しになるが、重要なのは、これらの細かい分類を暗記することではなく、自分で発音してみて、口腔内の色々な部分で色々な音が作りだされることを理解することである。今は細かい違いが分からなくても心配することはない。次の節で、MRI の画像を見ながら色々な音の調音点を確認しよう。

•••••••••••••••••••••••••••• 練習問題3 ••••••••••••••••••••••••••••

以下の各グループには、受動調音器官が異なる音が一つある。仲間はずれの音を見つけなさい。また、各グループの受動調音器官を答えなさい。

　　1. [t], [z], [d], [w], [n]　　　2. [w], [b], [ɸ], [k]　　　3. [k], [g], [ʔ]

以下の音の能動調音器官を答えなさい。

　　1. [ɸ]　　　　2. [z]　　　　3. [ɕ]　　　　4. [dʒ]
　　5. [g]　　　　6. [ʔ]

••

2.2.2：MRIで見る調音点

普段は医療の現場で使われる MRI（Magnetic Resonance Imaging；

6 日本語にも出てくる声門閉鎖音

声門閉鎖音 [ʔ] は英語で *cat* のような単語の最後の [t] をしっかり発音しない時に出てくる音である【参考音声あり】。日本語では、「いたっ[itaʔ]」の語末に現れる「っ」や「いろっいろ [iroʔʔiro]」など強調形で母音の前に「っ」がつく時などに出てくる。後者は特に面白い。「っ」は次に続く「子音」が促音である（2.9.1 節）ことを示す記号であるのに、「っ」の次の「い」は子音ではなく「母音」である。「っ」を入れることで子音である [ʔ] を挿入して促音を作りあげているのであろう。また、母音で始まる単語を発音する際には、声門閉鎖音が語頭に加わっていることが意外と多い。このような [ʔ] については、音響音声学の 3.1 節でも解説する（P.97）。

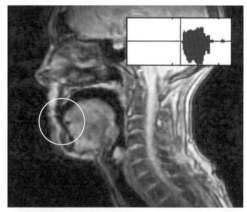

図 2.2.2-1：両唇音 [b] の調音。両方の唇が閉じている。

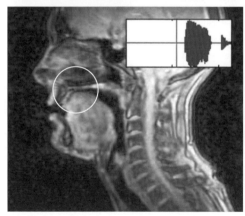

図 2.2.2-2：舌頂音（歯茎音）[d] の調音。舌先が盛りあがって、歯の根元の部分（歯茎）にあたっている。（MRI では歯が映らないことに注意。）

(2) Keating, P. A. (1985) Palatals as complex segments: X-ray evidence. UCLA Working Papers in Phonetics 69: 77-91.

核磁気共鳴画像法）は、調音運動が客観的に観察できるため、音声学の研究に使われることもある。本節では英語話者が色々な単語を発音した際の口腔の形を記録したMRI画像にもとづいて、様々な子音の調音点を紹介する。また参考ウェブサイトでは、これらの画像のもとになった動画が視聴できるようになっているので、参考にしてもらいたい【参考動画あり】。本書で紹介するMRIの図では全て、話者は左を向いている。

MRIでは「調音運動が客観的に観察できる」と述べたが、MRIは水分をもとに計測を行うため、残念ながら歯が映らない[7]。よって [t] や [d] などの歯茎音の調音の画像では、舌先がどこに付いているか正確に分からない（図2.2.2-2）。一方、[k] や [g] などの軟口蓋音は、自分で発音してみてもどこで閉じが起こっているのか正確には分かりにくいこともあるが、MRIで観察するとよく分かる（図2.2.2-4）。本書では、ページの都合で代表的な調音点の図しか掲載できないが、【参考動画】で他の調音点も紹介している。また、音声学者が有志で様々な調音のMRI動画を公開しているデータベースもある（http://sail.usc.edu/span/rtmri_ipa/index.html）ので、興味がある人はぜひ閲覧してほしい（span rtMRI IPA charts）。

2.2.3：拗音…硬口蓋化した調音

日本語には「拗音」という音が存在する。「りゃ、りゅ、りょ」「にゃ、にゅ、にょ」のように、小さい「ゃ、ゅ、ょ」が付いた音である。（「ゃ、ゅ、ょ」そのものを拗音と呼ぶ場合もある。）文字上では「り」に「ゃ、ゅ、ょ」が付いているように見えるが、音声学的には「りゃ、りゅ、りょ」は「ら、る、ろ」がそれぞれ拗音化したものである。「にゃ、にゅ、にょ」も同様に、「な、ぬ、の」がそれぞれ拗音化したものである。

「拗音」というのは日本語でしか使われない用語なので、一般音声学では「硬口蓋化した音」と呼んだ方が良い。「硬口蓋化した」とは、「もとの音の調音と同時に、舌の真ん中あたりで硬口蓋での狭めを行っている」ということである。このような硬口蓋化した音を持つ言語には、日本語

2.2 調音点

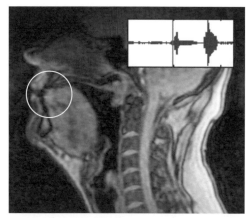

図 2.2.2-3：後部歯茎音 [dʒ] の調音。この音は英語の *judge* や *juice* のような単語の頭に来る音であり、歯茎音に比べて舌が後ろの方まで盛りあがっている。能動調音器官で言うと、「舌先」と「舌背」両方を使っていることが分かる。

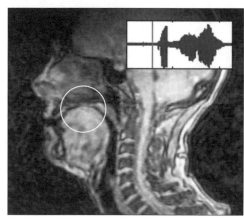

図 2.2.2-4：舌背音（軟口蓋音）[g] の音。舌の胴体（舌の奥）が盛りあがっている。

7 MRIのもう一つの欠点

調音運動を非常に鮮明に可視化できるMRIだが、歯が見えないということ以外に、もう一つ欠点がある。MRIは話者が仰向けで機械の中に入るので、全ての調音器官が重力によって背中側に引っ張られてしまうのである。本書で紹介している話者たちは、この重力の影響を意識して、まるで立っているかのように発音をしてくれているが、重力の影響を完全に克服できているわけではない。MRI画像を観察する際は「全ての調音器官が全体的に背中側に引っ張られている可能性がある」ということを頭の片隅に入れておく必要がある。

以外にもロシア語やアイルランド語があり、硬口蓋化した音は、音声記号では上付きの [ʲ] で示す。例えば、「りゃ、りゅ、りょ」の子音部分は [rʲ] と表される。

　では、硬口蓋化した音の調音を MRI で見てみよう。図 2.2.3-1 は「ろ [ro]」と「りょ [rʲo]」の調音を示している。図 2.2.3-1（b）において丸で示してあるように、二つの場所（舌先と舌の真ん中部分）で舌が盛りあがっているのが分かる。この音は舌先で [r] の調音を行いつつ、舌の真ん中も盛りあげなければならないので、母語にこの音が存在しないと、発音するのが難しい。例えば、英語にはこの音が存在しないため、アメリカ人は日本語を学ぶ際、[rʲ] の調音を苦手とすることが多い。

　図 2.2.3-1（b）の「りょ」の場合、硬口蓋への狭めが加わっているという点で、典型的な「硬口蓋化」が起こっていると言える。しかし、日本語の拗音の場合、硬口蓋化の結果、調音が「完全に硬口蓋に変化してしまう」場合もある。図 2.2.3-2 に「の」と「にょ」の調音運動の比較を示す。図 2.2.3-2（b）に示されているように、「にょ」の音を発音する場合、必ずしも舌先と硬口蓋の両方が狭められるわけでない。[n] の舌先の閉じは失われ、硬口蓋での閉じだけが残っている。よって、この発音を音声記号で書く場合には、[nʲ] ではなく [ɲ] と書いた方が妥当であろう。

　このように、一口に「拗音」と言っても、図 2.2.3-1（b）のように「単純に調音点に硬口蓋が加えられる」場合と、図 2.2.3-2（b）のように「完全に硬口蓋音に変化してしまう」場合がある。相当感覚が鋭くない限り、この [r] と [n] に対する拗音化の影響の違いを自分の舌の感覚だけで感じとることは難しいだろう。このことからも、MRI などの科学技術を使った客観的な音の分析が大切であることが分かる。

2.2.4：EPGで見る調音点

　調音点を理解するには、MRI のほかにも非常に便利な装置がある。本節で紹介するのは EPG（Electropalatography；電子パラトグラフィ）というもので、舌が口蓋のどの部分と接触しているかを客観的に確かめる

2.2 調音点

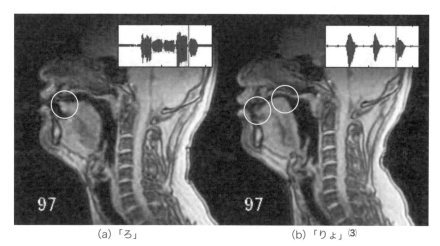

(a)「ろ」　　　　　　　　　(b)「りょ」[3]

図 2.2.3-1：「ろ」と「りょ」の調音。（左下に出ている数字は MRI 録音時のフレームナンバーなので気にしなくて良い。）

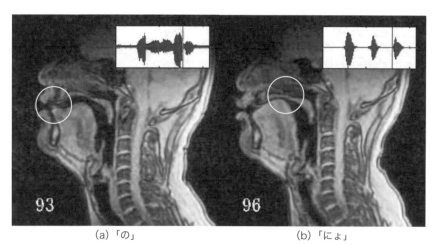

(a)「の」　　　　　　　　　(b)「にょ」

図 2.2.3-2：「の」と「にょ」の調音。

---

[3] 国際交流基金（2009）『国際交流基金　日本語教授シリーズ第 2 巻「音声を教える」』（ひつじ書房）の付属 CD-ROM より許可を得て転載。

ことができる装置である。EPGの実験では人工口蓋を使用するが、それには図2.2.4-1(a)のようにたくさんの電極が埋め込まれている。人工口蓋を上顎にはめて発音すると、舌がどの電極に接触して発音されたかが記録され、それぞれの音の調音の際、口蓋のどの部分で舌との接触が起こっているかが具体的に分かる。標準的なEPGでは、電極の前の2列が歯茎、次の2列が後部歯茎、次の3列が硬口蓋、最後の1列が軟口蓋に対応している**8**。

では、EPGでは調音の違いをどのように探ることができるのか、具体的に見てみよう【参考動画あり】(4)。図2.2.4-2と図2.2.4-3は、同じ話者が[s]と[ç]（「ひ」の子音部分）を複数回発音した時の舌の接触頻度をEPGで比較したものである。それぞれのマスが、図2.2.4-1(a)のそれぞれの電極に対応し、マスの中に書かれた数字は舌の接触頻度を示している。また、接触の頻度の高さが色の濃さで表されている。

舌先が上がり歯茎で狭めが起こる[s]では、口蓋の前方で舌との接触が起こっていることが分かる。また口蓋の左右が舌で完全に閉ざされていることも観察できるが、これは「側面狭窄_{そくめんきょうさく}」と呼ばれる。この[s]の調音に対して、舌の後ろの部分が盛りあがり、硬口蓋で最も強い狭めが起こる[ç]では、口蓋の後ろの方で接触が起きていることが分かる。

ヒンズー語などでは、[ṭ]や[t̪]のような、一般の日本人の耳には同じ[t]にしか聞こえない二種類の音が存在する【参考音声あり】。また、ヒンズー語と同じドラヴィダ系の言語のトダ語では、三種類の「[t]のような音」が存在する。これらの音の調音の違いをしっかり確かめたい時などには、EPGは非常に効果的である。また、EPGは音声学の基礎的な研究ではもちろんのこと、発音に不自由のある構音_{こうおん}障害を持つ人の調音の問題点の発見や、難聴児の調音の訓練にも用いられる。

ただし、EPGはあくまで口蓋と舌の接触を測るための装置であり、両唇音の計測には向かない。また、人工口蓋が軟口蓋の後ろまで来てしまうと、咽頭_{いんとう}反射（「おえっ」となる現象）が起こるため、舌と軟口蓋の接触パターンの測定にもあまり有効ではない。

2.2 調音点

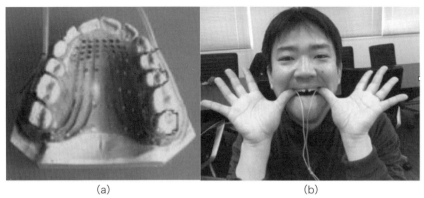

図 2.2.4-1：(a) EPG で使用する人工口蓋。「白い土台部分」は上の歯と口蓋の型（【カラー図あり】）。(b) 人工口蓋をはめた著者。

	96	94	91	0	0	38	
100	85	78	0	0	96	100	歯茎
100	92	0	0	0	67	94	100
100	13	0	0	0	0	0	100	後部歯茎
100	8	0	0	0	0	0	100
100	92	0	0	0	0	0	100	硬口蓋
100	100	0	0	0	0	21	100
100	100	0	0	0	0	86	100	軟口蓋

図 2.2.4-2：[s] 調音時の舌と口蓋の接触パターン。

	0	0	0	0	0		
	0	0	0	0	0		歯茎
100	93	0	0	0	90	100
100	100	39	0	0	76	100	後部歯茎
100	100	100	0	0	39	100	100
100	100	100	0	0	76	100	100	硬口蓋
100	100	94	0	0	30	100
100	100	0	0	0	18	100	軟口蓋

図 2.2.4-3：[ç] 調音時の舌と口蓋の接触パターン。

> **8 EPG が一般的でなかった頃**
>
> EPG が一般的でなかった時代には、以下のような方法で舌と口蓋の接触を計測していた。まず、すりつぶした炭にオリーブオイルを混ぜ、それを舌に塗り、一回発音してみる。そうすると口蓋に炭が付くので、その位置を鏡で確認する。筆者も大学院生の時に、この方法を実際に実習で試してみたことがある。実験が終わった後は、シトラス系の炭酸の飲み物で口をすすぐと、比較的簡単に炭とオリーブオイルが取れる。

(4) 本節で紹介する音のほかにも、Kochetov, A. (2018) Linguopalatal contact contrasts in the production of Japanese consonants: EPG data from five speakers. Acoustical Science and Technology 38: 84-91 では、日本語のほかの子音の EPG データが紹介されている。

調音音声学

2.3 ：調音法

2.3.1：調音法基礎

　音声学において、「調音法」は「調音点」に並ぶ重要な概念である。「ぱ、ま、ぱ、ま、ぱ、ま」と発音してみよう。「ぱ」と「ま」、どちらの子音も調音の際に両唇が閉じる「両唇音」である。こうなると、調音点だけでは「ぱ」と「ま」の音を区別することができない。そこで有用なのが「調音法」という区別である。「調音点」が「口のどこを使って音を出すか」を示すのに対して、「調音法」は「口をどのように使って音を出すか」を示す。

　では、「っっっっっぱ」と「ぱ」の子音部分である [p] を長めに発音してみよう。そして、できるだけ「っ」の間は肺からの空気を口腔に流し続けてみよう。両唇が完全に閉じて、肺から流れてくる空気が口腔に完全に閉じ込められるのが感じられるだろう。このように口腔が完全に閉じる音を「閉鎖音」と言う。また、空気が口腔に閉じ込められると口腔内の気圧が上がり、口腔の閉じが開放されると空気の破裂が起こるので、閉鎖音を「破裂音」と呼ぶこともある（詳しくは 2.8 節）**9**。

　調音法の概念を理解するには、庭に水をまくホースをイメージすると良い。水を出したホースの先に水風船を付けると、水風船の中にどんどん水が溜まって風船は膨らんでいき、最後には破裂してしまう。「ホースからの水の流れ＝調音時の空気の流れ」とすると、この状況は閉鎖音（破裂音）の調音時に起こっていることによく似ている。出口は閉ざされ（閉鎖され）、空気が口腔に流れこんだ結果、口腔内の気圧が上昇し、最後には「破裂」が起こるのである。

　次に、「さ」の子音部分である [s] を長く発音してみよう。母音部分を伸ばすのではなく、子音部分を長く [sssssssss] と発音してみてほしい。[s] を発音する場合には、[t] の調音と同じように舌先が上がる。しかし、[t] の場合は口腔が完全に閉じるのに対し、[s] の場合は口腔が微妙に開いている。この状態は、水が出ているホースの口を潰した状態に似ている。遠くの花に水をやる時には、ホースの口を潰すと乱流が起こり水がよく飛

ぶが、それと同じことが [s] を発音する時の空気の流れにも起こる。このような乱流を起こす音は「摩擦音」と呼ばれる。

日本語の「ち」「つ」の音は、音声記号では [tɕ]、[ts] と書き、「破擦音」と呼ばれる。破擦音では [t] 調音時のように舌で口腔が一度完全に閉じられる。しかし、舌の閉じを開放した後も摩擦音のように口腔が狭まっているため、摩擦が続く。破擦音は音声記号では [t] と [s] がくっついているように書かれるため、「破擦音は破裂音の後に摩擦音が続くものである」という記述を時々目にするが、それは正確な表現ではない。「破裂音」は「破裂」を含んでこその「破裂音」であり、「破擦音」には「摩擦」は含まれているものの「破裂」は含まれていない。よって、「破擦音は破裂音の破裂部分が摩擦であるもの」とみなす方が正しい。

では次に、「た」と「な」を比べてみよう。自分で発音してみても舌の動きにはあまり違いが感じられないだろう。しかし、「た、ち、つ、て、と」と「な、に、ぬ、ね、の」を鼻をつまんで発音してみるとどうか。「た、ち、つ、て、と」は問題なく発音できるが、「な、に、ぬ、ね、の」は変な発音になってしまう。風邪をひいて鼻がつまった時に影響を受けるのも「な、に、ぬ、ね、の」である。これは「な、に、ぬ、ね、の」を発音する際に、鼻腔（鼻の奥につながっている管。読みは「びくう」か「びこう」）

🄽 閉鎖音は常に破裂音か？

実は、必ずしも「閉鎖音＝破裂音」ではない。例えば、英語で cat と発音する時、最後の [t] が口腔を閉じたまま開放が起こらず破裂が観察されない場合がある。good morning を英語で発音する時も [d] の開放があまり起こらないため、日本語ではこの発音を真似る時に「グッモーニン」と、まるで [d] がないかのように発音する。また、good job を日本語で「グッジョブ」と、もともと [d] がないかのように言うのも同じ理由からである。また空気力学的な理由（2.8.2 節）で、開放が起こってもはっきりとした破裂が観察されない場合もある。このように、「閉鎖音」と「破裂音」は全く同義というわけではない。ただし初学者がこの違いを「頭で覚えよう」とこだわる必要はあまりない。基礎的な知識を身につけて、色々な音を自分で実際に観察するようになると、この違いは自然と理解できるようになる。

調音音声学

に空気が流れるためである。このような音を鼻音と言い、鼻音の調音では、図 2.2.1-1 で示した口蓋帆が下がることにより、空気が鼻腔に流れる❿。鼻がつまると「な、に、ぬ、ね、の」の発音が変になってしまうのは、口蓋帆が腫れ、空気が鼻腔へ普段のように流れないことにも起因する。また、ハミングは基本的に [mmmmmmmmm] や [nnnnnnnnn] のような鼻音の連続であるので、鼻をつまんでハミングしようとしても、空気の流れが完全に止まってしまい、続けることはできない。

　ここまで閉鎖音、摩擦音、破擦音、鼻音と見てきたが、残るは「や、わ、ら」などに現れる子音である。これらは、口腔内での狭めがあまり強く起こらず、舌と口蓋や唇同士が近づくだけなので「接近音」と呼ばれる⓫。接近音の中でも、特に「わ」と「や」は母音と似たような調音で発音される。「わ」の [w] の調音は [u] に、「や」の [j] の調音は [i] に似ているので、これらの子音は「半母音」と呼ばれる。

　日本語の「ら行」の子音や英語の [r] や [l] の音は「流音」と呼ばれる。英語の [r] と [l] がどう違うかと言うと（違いは多々あるのだが）、今の段階では、[l] では舌先が歯に押しつけられるものの側面が空いており、舌の横から空気が流れていくと理解しておけば良い。よって [l] は「側面音」と呼ばれることもある。ただ「側面音」と言うと左右両方から空気を流さなければならないと思うかもしれないが、実際には右だけから流す人や左だけから流す人も多い。英語の [l] を発音する時に、無理に「左右両方から息を流さなくては！」と意気込む必要はないということである。ちなみに、ビルマ語やアフリカで話されているズールー語などには、側面で摩擦を起こす「側面摩擦音」が存在する。

　調音法で分類すると、表 2.3.1-1 のように、子音は「口腔」と「鼻腔」がどの程度閉じているかによって特徴づけることができる。

•••••••••••••••••••••••••••••••• 練習問題 1 ••••••••••••••••••••••••••••••••

　以下のグループには、調音法の異なる音が一つある。仲間はずれの音を見つけなさい。また、各グループの調音法を答えなさい。

2.3 調音法

1. [t], [d], [k], [n], [p]　　2. [p], [m], [n]

3. [f], [z], [t], [s]　　4. [j], [w], [n]

閉鎖音	口腔と鼻腔両方が閉じている。
摩擦音	鼻腔は閉じているが、口腔が微妙に開いている。
鼻音	口腔は閉じているが、鼻腔は開いている**⓬**。
流音	鼻腔は閉じているが、口腔があまり閉じていない。
半母音	鼻腔は閉じているが、口腔はほとんど閉じていない。

表 2.3.1-1：調音法のまとめ。下から二つをまとめて「接近音」と呼ぶ。

⓾ 常に鼻音化している人たち

口蓋帆は常に重力に引っ張られているため、加齢とともに筋肉が弱まると、常に閉じているのが難しくなる。年配の方の中で、発話の全体が鼻音化している人は、普段から口蓋帆が完全に閉じきっていないからである。また、比較的若い人の中にも、全体的に発話が鼻音化している人がたまにいる。芸能人では、仲間由紀恵がその典型例である。

⓫ 日本語の「ら行」は「接近音」か？

日本語の「ら行」の子音がどのように発音されるかは、その音の前後にどのような音が来るかによって、まちまちである。場合によっては、英語の [l] や [r] と似たような音になることもある。一般的には、「ら行」は調音運動が非常に短いため（3.4.7 節）「弾き音」と呼ばれることもある。また、非常に短いものの、閉鎖が完全であるとして、日本語の「ら行」を接近音や流音とみなさない研究者もいる。著者は、日本語の「ら行」の調音方法は非常に多様なので、この音の調音法を一つに定めようとすること自体に無理があると考えている。日本語の「ら行」の調音に関しては、2.3.4 節も参照してほしい。

⓬ 鼻母音は？

本節では子音の鼻音に関してのみ扱ったが、言語によっては母音調音中に鼻腔から空気を流す「鼻母音」という音を使うものもある。鼻母音を使うことで有名なのはフランス語であるが、英語でも鼻音の隣に母音が来ると、その母音は鼻母音として発音されるし、日本語でも鼻音近くの母音は鼻音化する。ただし、フランス語では、普通の母音の「あ」を鼻母音の「あ」に変えると単語の意味が変わってしまう可能性があるが、英語や日本語ではそういうことはない。

39

調音音声学

2.3.2：MRIで見る調音法

2.2.2節で出てきたMRIでは、調音点だけでなく、調音法も実際に観察することができる。図2.3.2-1から図2.3.2-5のMRIの画像を見ながら、調音法の理解を深めてほしい【参考動画あり】。

2.3.3：MRIで見る[r]と[l]

流音には、日本人が苦手な英語の[r]と[l]が含まれる。日本人にとって違いの認識が難しいとされる[r]と[l]も、MRIを使うとその違いがよく分かる。図2.3.3-1は、いわゆる「巻き舌」と呼ばれる[r]の調音のMRI画像である。舌が真上に反りあがっているのがよく分かる。この反りの運動は動画だと非常によく分かるので、ぜひ視聴してほしい【参考動画あり】。

この[r]の調音を、図2.3.3-2に示す[l]の調音と比べると、[l]では舌が全く反り返っていないことが分かる。舌先が前の歯の裏に押しつけられるのが[l]の調音の特徴である（ただし、2.2.2節で述べたように、MRIでは歯が映らない）。

一般的には「英語の[r]＝巻き舌」と思われているかもしれないが、実は[r]の調音には色々な種類があり、必ずしも巻き舌で発音されるわけではない。図2.3.3-3は「巻き舌でない[r]の調音」の画像である。この調音の仕方では舌が反りあがることなく、舌の真ん中の部分が盛りあがることで[r]が発音される。このように、英語の[r]の調音は大きく分けて2種類、細かい違いを含めると10種類以上もあると言われている[13]。と言うと、「なぜ色々な調音の仕方が許されるのか」という疑問が浮かんでくるだろう。この疑問に答えるためには、音響音声学を学ばなければならないが（3.4.7節）、先に簡単に答えを言うと、「どの調音の仕方でも聞こえ方は同じだから」である。

2.3.4：EPGで見る調音法

2.2.4節で解説したように、EPGを使うと「口蓋のどこが舌と接触し

2.3 調音法

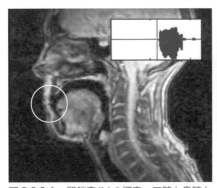

図 2.3.2-1：閉鎖音 [b] の調音。口腔も鼻腔も完全に閉じている。

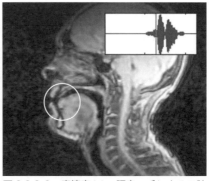

図 2.3.2-2：摩擦音 [s] の調音。舌による口腔の閉じが完全でなく、わずかに隙間が空いている。

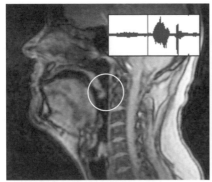

図 2.3.2-3：鼻音 [m] の調音。英語の *milk* 調音時の語頭の子音 [m] の部分。口蓋帆が下がり、空気が鼻腔へと流れる。

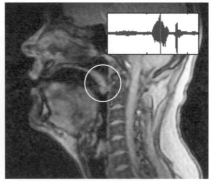

図 2.3.2-4：英語の *milk* 調音時の母音 [i] の部分。口蓋帆が閉じている。

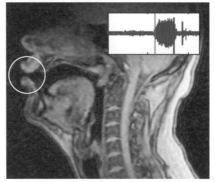

図 2.3.2-5：半母音 [w] の調音。口腔が唇によって多少狭まっているものの、全体としては非常に広く開いている。

41

ているか」が非常に鮮明に分かるが、EPG によると、調音法における細かい違いも観察することができる。

図 2.3.4-1 は、[t] と [s] の調音における舌と口蓋の接触のパターンを比較したものである。2.3.1 節で学んだ通り、[t] のような閉鎖音では口腔が完全に閉じる。この話者の調音では、前 2 列、つまり歯茎部分が完全に閉じている。一方、[s] の調音では空気を流して摩擦を作るために、前列に全く閉じがない部分（0 の部分）が観察される。しかし、だからと言って、[s] の調音中に閉じが全くないわけではない。2.2.4 節で述べたように、両側面は完全に閉じており、「側面狭窄」が見られる。[s] を発音するためには強い摩擦を作り出さなければならないが、そのためには口腔の開きは小さければ小さいほど良い。ホースで水をまく喩えに戻ると、ホースの先をしっかりと潰して狭めないと乱流が起きない。私たちは [s] を発音する際、側面から空気がもれないよう、側面をしっかり閉じることによって口腔内気圧を上昇させ、摩擦を作りあげているのである。

次に、破擦音 [ts] 調音時の EPG のパターンを見てみよう。図 2.3.4-2 は、破擦音の調音時に舌の接触がどのように変化していくかを示している。左から右へ矢印の通りに上下ジグザグに変化が進む。[ts] の前にある母音から舌先による完全な閉鎖が始まり、開放された後も [s] 調音時のような舌と口蓋の接触が観察される。

コラム**11**で、日本語の「ら行」の子音の調音は、前後にどのような母音が来るかに非常に強く影響されることを述べたが、EPG を使うと、それを客観的に観察することができる。図 2.3.4-3 は EPG で計測した「あら [ara]」「いり [iri]」「おろ [oro]」の子音部分の舌の口蓋接触パターンである[5]。見て分かる通り、(a)、(b)、(c)で舌の接触部分がだいぶ異なっている。「あら」の場合、前面だけに閉じが見られ、側面が空いている。これは側面音である英語の [l] の調音に似ている。「いり」では、硬口蓋において側面が閉じており、音声記号で書くとすれば [rʲ] となるだろうか（2.2.3 節）。「おろ」は、後部歯茎の部分に閉じが観察される。あ

2.3 調音法

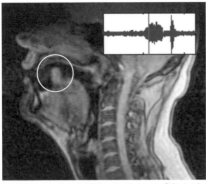
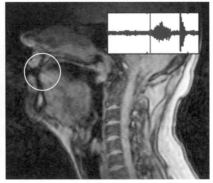

図 2.3.3-1：[r] の調音。いわゆる「巻き舌」で発音されている。舌が反りあがって、上を向いている。

図 2.3.3-2：[l] の調音。舌は反りあがらず、舌先が上の歯に押しつけられている。

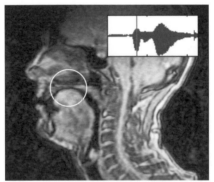

図 2.3.3-3：巻き舌でない [r] の調音。

🔢 色々な英語の [r]

音声学では、舌が反り返る [r]（＝巻き舌の r）を「反り舌の r」、舌の真ん中が盛りあがる [r] を「盛りあがり舌の r」と呼ぶ。では、誰がどちらを使うのか。最近の研究では驚くべきことに、同じ家族でも同じ方法で [r] を発音するとは限らず、同じ話者であっても、時に「反り舌の r」、時に「盛りあがり舌の r」を使うことがあることが報告されている。また [r] を発音する時に唇を丸める話者もいる。こういった状況をふまえて、著者は、第二言語として英語の [r] を発音する場合には、自分にとって楽な調音の仕方を選べば良いと考えている。英語の [r] に関しては「唯一正解の調音の仕方」は存在しないのである（厳密に言えば、たくさんの正解が存在する）。英語の [r] の調音については多くの研究がなされているが、Mielke, J., Baker, A., & Archangeli, D. (2016) Individual-level contact limits phonological complexity: evidence from bunched and retroflex /ɹ/. Language 92: 101-140 が過去の研究を詳しくまとめている。

調音音声学

えて音声記号で書くとすれば [ɹ] となる。このように、ある音が前後の音に影響され調音の仕方が変化することを「調音結合」と言い、これは人間音声の重要な特徴の一つである [14]。

••••••••••••••••••••••••••• 練習問題 1 •••••••••••••••••••••••••••

　第 1 章で、日本語の「ら行」を一つの音声記号で表すことは困難であると述べたが（P.17）、その理由を自分のことばで具体的に説明しなさい。

----

[14] 調音結合

　調音結合は、人間が音声を発する時には必ず起こる現象だと言っても良い。例えば、「か」と「き」を注意深く発音し、[k] の部分の調音点がどのように異なるか感じてみよう。「か」に比べて「き」の方が [k] の調音点が前になっていないだろうか。よって「き」の子音部分は [kʲ] と書いた方が正確かもしれない。これも調音結合の例である。また、英語でも tuck と truck の発音を比べてみると、truck の方の [t] は「ちゅ」に聞こえるくらい調音点が後ろに下がることがある。このように、子音は前後の音に非常に強い影響を受ける。ただ、子音の中にも周りの影響を受けやすい音とそうでない音があり、[k] は [t] に比べ、前後の母音からより影響を受けやすいとされている（Sussman, H., McCaffrey, H., & Matthews, S. (1991) An investigation of locus equations as a source of relational invariance for stop place categorization. Journal of the Acoustical Society of America 90: 1309-1325)。もちろん、言語によって調音結合の特性は微妙に異なる。

　また、調音結合は言語音声の調音だけに起こる現象ではない。ピアノを弾く時にも、前後の音によって同じ鍵盤の弾き方が微妙に異なるという（Engel, K.C., Flanders, M., & Soechting, J. F. (1997) Anticipatory and sequential motor control in piano playing. Experimental Brain Research 113: 189-199)。バイオリンでも、前後の音によって同じ音を弾く指遣いが変わることもある。調音結合が言語特有のものであるか否かを探求していくことは、音声学者にとって非常に重要な課題である。近年では、調音結合を「限られた時間の中で複数の音を発音するには、どのような方法が最適か」という数学的な「最適化」の問題に置き換えて分析するアプローチが盛んである。最近の研究の一例としては Flemming, E., & Cho, H. (2017) The phonetic specification of contour tones: evidence from the Mandarin rising tone. Phonology 34: 1-40 がある。

2.3 調音法

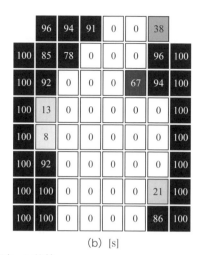

図 2.3.4-1：[t] と [s] における舌と口蓋の接触パターン比較。

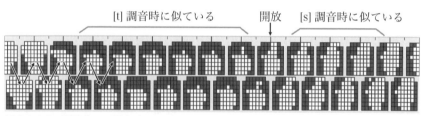

図 2.3.4-2：破擦音 [ts] 調音時の EPG。

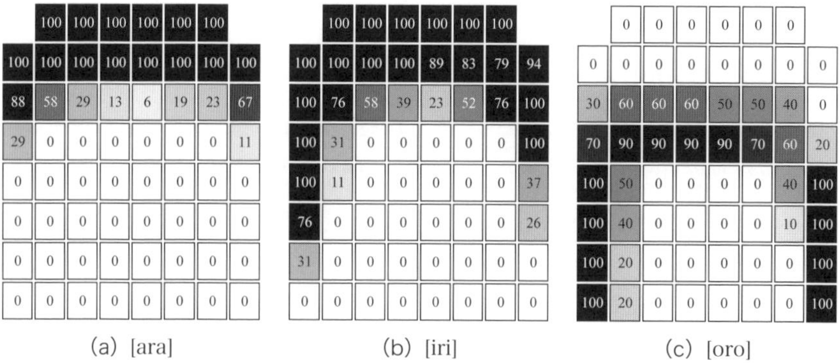

図 2.3.4-3：[ara]、[iri]、[oro] における舌と口蓋の接触パターン比較。

(5) Kawahara, S., & Matsui, M. F. (2017) Some aspects of Japanese consonant articulation: a preliminary EPG study. ICU Working Papers in Linguistics II: 9-20.

調音音声学

2.4 ┊ 有声性（喉頭特徴）

2.4.1：有声性基礎

　これまで見てきた通り、大抵の音は調音点と調音法の区別を使うことで区別できる。しかし、[p] と [b] ではどうか。この二つの音は、調音点・調音法ともに同じであり、区別がつけられない。[t] と [d]、[k] と [g] でも同様のことが言える。では、これらの音はどのように区別したら良いのだろうか。これらの音は「声帯が振動するかしないかの違い」で区別され、この区別は「有声性」と呼ばれる。

　自分ののどぼとけに指をあてて「あああああ」と発音してみよう。微妙な振動が伝わってくるだろう。人間が発する多くの音では声帯が振動する。では、のどぼとけに指をあてながら、今度は「あああっっ**ば**あああ」「あああっっ**ぱ**あああ」と発音してみよう。前者では [b] の部分で声帯振動が継続するのに対し、後者では [p] の部分で声帯振動が止まるのが分かっただろうか。[b]、[d]、[g] の調音中は、声帯が振動するのに対して、[p]、[t]、[k] の調音中は、声帯が振動しない。前者のような声帯振動を伴う音は「有声音」、後者のような声帯が振動しない音は「無声音」と呼ばれ、この区別は「有声性の対立」と呼ばれる。日本語で「濁音」と呼ばれるものの子音部分 [b]、[d]、[g]、[z] は有声音である。

　このように書くと、「濁点がついていない『な行』（[n]）や『ま行』（[m]）の子音は無声音なのか」と思うかもしれないが、そうではない。無声の音が存在するのは（日本語や英語では）「閉鎖音・摩擦音・破擦音」に限られ、その他の子音（鼻音や接近音）や母音を発音する際には、基本的に声帯が振動する。声帯が振動するにもかかわらず [n] や [m] を書く時に濁点を付けないのは、これらの音で声帯振動が続くのが「当たり前」であり、「当たり前」すぎて付ける必要がないからである。

　先ほど、[p]、[t]、[k] vs. [b]、[d]、[g] の違いは「有声性の対立による」と説明したが、実は、「そもそも有声性という対立を使うべきなのか」という議論が現在も盛んになされている。例えば、単語の頭で発音される

「ば」と「ぱ」を比べると、「前者では声帯が振動し、後者では声帯が振動しない」というわけでは必ずしもない。実際、どちらの音でも声帯が振動していないケースがしばしば見受けられる。

また、英語でも [p]、[t]、[k] vs. [b]、[d]、[g] の違いは、それらの音が母音に挟まれた場合には声帯振動の有無によって区別されるが、語頭では声帯振動の有無の違いが現れず、「有声性」では区別をつけられないことが多い。英語では、特に語頭の [p]、[t]、[k] の調音時には「帯気」と呼ばれるとても強い空気が流れる。英語話者の顔の前に紙を垂らして [p]、[p]、[p] と発音してもらうと、帯気によって紙が舞いあがるのが観察できるだろう【参考動画あり】。よって、英語の [p]、[t]、[k] vs. [b]、[d]、[g] の違いは、「有声性」ではなく「帯気性」によって区別すべきだという研究者もいる。英語におけるこれらの対立に関しては、ある音響的な概念を使って特徴付けようという動きもあるので、この点に関しては音響音声学の 3.4.8 節でもう少し解説することにする。

まとめると、「ぱ」vs.「ば」や [p]、[t]、[k] vs. [b]、[d]、[g] の違いをどのように捉えるべきかという問題は、最先端の音声学でも決着がついていない。ただし、喉頭（声帯の入っている器官）で何かしらの区別をつけていることは間違いないので、「有声性」や「帯気性」ではなく、もう少し一般的に、「喉頭特徴」という区別を用いる方が無難かもしれない。ただし、本書では、この対立が「声帯振動の有無」だけで特徴づけられることはないと理解した上で、「有声性」という名前を用いる。

2.4.2：EGG で見る有声性

有声性の違いは、のどぼとけを触っただけではよく分からないかもしれない。これは、有声性が直接手の届かない喉の奥の声帯で起こっていることに関するものだからである。外からは分かりにくい有声性の対立は、近代技術を使うと理解しやすくなる。

その近代技術の一つに EGG (Electroglottograph；電気声門図) というものがある[6]。図 2.4.2-1 のように、EGG では左右の声帯の近くにセ

ンサーを取りつけ、微弱な電流を流す。声帯と空気では電気を通す率が異なるため、左右の声帯が閉じて触れている状態と開いている状態では、電流の流れ方が異なる。具体的に言うと、声帯が閉じている時には電気抵抗が小さくなり、声帯が開いている時には電気抵抗が大きくなる。EGGでは、この電気抵抗の違いを利用して声帯が開いているか閉じているかを測定し、声帯振動を感知する。

　図 2.4.2-2 と図 2.4.2-3 は、母音の間で発音された [t] と [d] の違いを示したものである【参考音声あり】。まず、どちらの図でも「母音」と書かれた区間では EGG の信号が波打っているのが分かる。これは声帯振動が起こって、声帯が閉じたり開いたりを繰り返しているためである。しかし、[t] と書かれた区間では、EGG の信号があまり変化していない。これは左右の声帯が大きく開いて、接触が全く起きてないことに起因する。一方 [d] では、母音と同じように声帯振動が続いていることが分かる。

　また、先に述べたように、EGG の波形からは、波の有無だけではなく、電流の流れ方の違いから、声帯が振動する時に「どの程度声帯が開いていて」「どの程度声帯が閉じているか」を詳細に分析することができる。この分析のためには、EGG の波形を微分した dEGG という波形が使われることもある【追加資料あり】。しかし、実際には、dEGG 波形が声帯の開け閉めに必ずしも正確に対応するわけではないという主張もあり、dEGG 波形の分析の利用方法については、現在でも活発に議論がなされている[7]。

　このように、声帯振動が比較的簡単に計測できる EGG であるが、一つ大きな欠点がある。人間が発音する際は、実際には左右の声帯が完全

---

[6]　Rothenberg, M. (1981) Some relations between glottal air flow and vocal fold contact area. Proceedings of the conference on the assessment of vocal pathology 88-96.

[7]　Nathalie, H., D'Alessandro, C., Doval, B., & Castellengo, M. (2004) On the use of the derivative of electroglottographic signals for characterization of nonpathological phonation. Journal of the Acoustical Society of America 115: 1321-1332.

2.4 有声性（喉頭特徴）

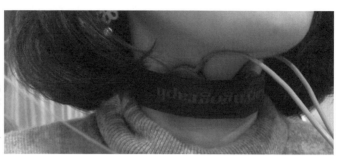

図 2.4.2-1：EGG のセンサー。声帯の左右近くにセンサーを一つずつ取りつける。

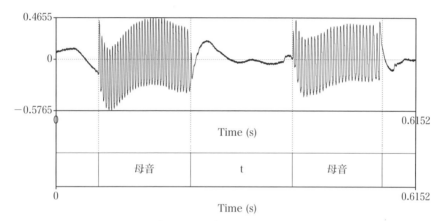

図 2.4.2-2：母音間の [t] 調音時の声帯振動（EGG データ）。

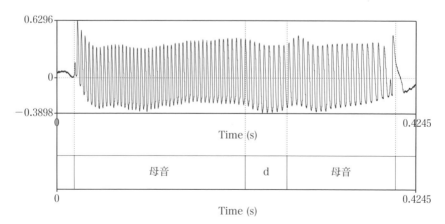

図 2.4.2-3：母音間の [d] 調音時の声帯振動（EGG データ）。

調音音声学

に閉じていなくても、十分に近づいていれば声帯振動が起こることがある。そのような声帯振動が起こった場合、EGG ではそれを関知することができない【追加資料あり】。特に女性の声の分析では、この問題が起こりやすく、EGG の信号を分析する際に注意が必要となる。理想的には、有声性を研究する場合、EGG の信号と音響信号を同時に分析することが望ましい。

2.4.3：PGG で見る有声性

　前節で述べた EGG の欠点を補うために、声帯振動の分析には PGG（Photoglottogram；光電声門図）という装置を利用することがある。PGG では、図 2.4.3-1 のように、投光器を喉頭の左右に二つ装着し、この投光器から声帯に向けて光をあて、下の受光器が声帯から通過してくる光の量を計測できるようにする。声帯が開いていれば光は通過しやすく、声帯が閉まっていれば計測される光の量は減る。よって、通過してくる光の量から、声帯間の面積が計測できる。

　図 2.4.3-2 と図 2.4.3-3 は、日本語話者が「きへ [kihe]」と「ぎへ [gihe]」という無意味語を発音した時の PGG の計測結果である。y 軸（縦軸）の値が声帯間の面積を示しており、この値が高ければ高いほど声帯間の面積が大きい。x 軸（横軸）は時間を表している。

　「きへ」の [k] の部分では、他の音（[ihe]）の部分に比べて、声帯が非常に大きく開いているのが特徴的である。また、[kihe] でも [gihe] でも、母音部分では PGG 波形が波打っている。これは、母音調音時に声帯が振動して閉じたり開いたりしている証拠である。

　さらに興味深いのは、[h] の部分でも PGG 波形が波打っている点である。これは、[h] の音が有声音として発音されていること意味する（よって、正確に音声記号で書くと [ɦ] となる）。[h] の音そのものは無声摩擦音であるが、ここでは有声音として発音されているのである。これも 2.3.4 節で述べた「調音結合」の例とみなすことができる（コラム⓮、P.44）。[h] が声帯振動を伴う母音に挟まれた結果、[h] の調音中も声帯振

2.4 有声性（喉頭特徴）

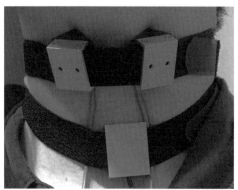

図 2.4.3-1：PGG。上の二つが投光器、下が受光器。

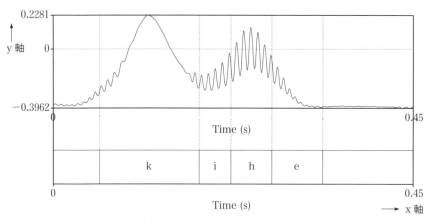

図 2.4.3-2：[kihe] 調音時の PGG 波形。

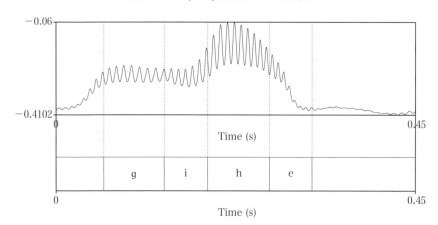

図 2.4.3-3：[gihe] 調音時の PGG 波形。

動が持続するのである。また、[h] の区間では、前後の母音 [i] や [e] に比べて、波打つ位置が高いが、これは摩擦音である [h] の調音において空気を多く流す必要があり、声帯が広く開かれていることを示している（摩擦音の調音時に空気が多く流れることは、後の 2.8.3 節で確認する）。

このように、PGG を使うと、「[k] 調音時の大きな声帯の開き」や「母音間での [h] の有声化」など、自分で発音してみるだけでは分かりにくい細かい調音運動の詳細も観察することができる。

・・・・・・・・・・・・・・・・・・・・・・ 練習問題 1 ・・・・・・・・・・・・・・・・・・・・・・

東京方言では、無声の子音に挟まれた高母音は「無声化」する（2.7 節、2.8.2 節も参照）。例えば、「好き」と発音した場合、「す」の母音部分は無声化してほとんど聞こえない。音声記号では無声化を下付きの丸で表す（[u̥]）。

図 2.4.3-4 は、[kide] と [ki̥te] の調音時における PGG の模式図である[8]。

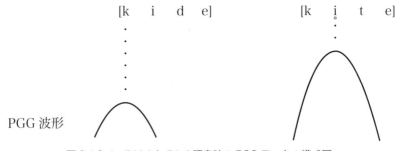

図 2.4.3-4：[kide] と [ki̥te] 調音時の PGG データの模式図。

この図から何が読みとれるか、考えなさい。

答え：まず、[kide] を見ると、[k] の調音時に、声帯の大きな開きに対応する山が一つ見られる。一方、無声の音が三つ続く [ki̥te] を見ると、[ki̥t] の区間全体にまたがる大きな山が一つ観察され、[k]、[i̥]、[t] それぞ

れに、別々の声帯の開きに対応する山が観察されるのではない。また、[ki̥te] の声帯の開きは [kide] の声帯の開きのほぼ三倍で、開きの中心点が無声化した母音に位置していることが分かる。

2.4.4：ハイスピードカメラで声帯を見る

　これまで見てきたように、EGG や PGG は声帯の振動を計測するために非常に有効な装置である。しかし、いずれも計測が外側から行われるため、「間接的」な計測しかできない。では、声帯振動を「直接的」に観察するためにはどうすれば良いのか。それには、ハイスピードカメラを用いれば良い。具体的には、図 2.4.4-1 のように鼻からファイバースコープを入れ（もちろん麻酔をかける！）、カメラで撮影する。声帯は一秒間に何百回も振動するので、普通のカメラでその動きを捉えることはとてもできないが、特別なハイスピードカメラを用いればそれが可能となる[15]。

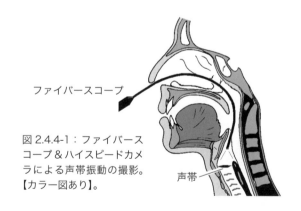

図 2.4.4-1：ファイバースコープ＆ハイスピードカメラによる声帯振動の撮影。【カラー図あり】。

---

(8) Fujimoto, M., Murano, E., Niimi, S., & Kiritani, S. (2002) Differences in glottal opening pattern between Tokyo and Osaka dialect speakers: factors contributing to vowel devoicing. Folia phoniatrica et logopaedica 54(3): 133-143 の研究結果をもとに著者が簡略化した模式図。

調音音声学

　ここで、声帯の動きについて話す前に、声帯そのものに関して少し説明しよう。まず、図 2.4.4-2(4) を見てほしい。声帯はこのように前部（顔側にある上の部分）が固定されており、後部（後頭部側にある下の部分）が開閉する。黒くなっているところが声帯の開いている部分である。

　声帯の動きは、動画を見るとよく分かるが【参考動画あり】、図 2.4.4-2 (1) から (4) は、母音調音時の声帯の開き方の一連の動きを示したものである。声帯全体が一度に開くのではなく、後部から前部にかけて徐々に開いていくのが分かる。

　また図 2.4.4-3 は、[k] 調音時の声帯の状態を示している。2.4.1 節で解説したように、[p]、[t]、[k] は左右の声帯が開いて声帯振動が起こらない「無声音」である。図 2.4.4-3 を見ると、声帯が実際に大きく開いており、PGG 波形で確認した観察と一致する（2.4.3 節）。

🅸🅵 fps とは？

　デジタルビデオが 1 秒に何枚の画像を撮るかは fps（*frame per second*）という単位で表されるが、一般のデジタルビデオはせいぜい 30 fps から 60 fps である。これでは一秒間に声帯が 100 回振動する 100 Hz の声帯振動も捉えることができない。人間の女性の声は 350 Hz を超えることも珍しくないので、普通のデジタルビデオでは全く太刀打ちできない。しかし、ハイスピードカメラには 10,000 fps を超えるものもあり、声帯振動をしっかりと捉えることができる。

2.4 有声性（喉頭特徴）

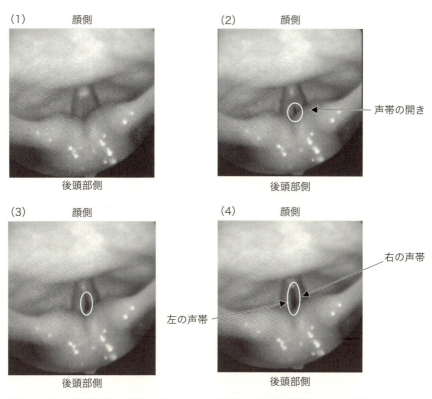

図 2.4.4-2：母音調音時の声帯の開き方。上が顔側で下が後頭部側【カラー図あり】。

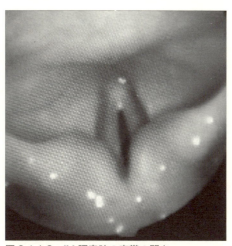

図 2.4.4-3：[k] 調音時の声帯の開き。

調音音声学

2.5 調音点・調音法・有声性のまとめ

　表 2.5-1 は、調音点・調音法・有声性をまとめたものである[16]。横軸が調音点、縦軸が調音法を示している。同じセルに二つ記号がある場合、左が無声子音で、右が有声子音である。ただし、流音に限っては、[l] も [r] も有声音である。[l] と [r] の違いは側面音かそうでないかで区別する。

　調音点・調音法・有声性の三つを使うと基本的に全ての音を区別することができる。音声学の慣習では、この三つの区別を使って、例えば [b] は「有声両唇閉鎖音」と呼ぶ。ただし、日本語や英語では、鼻音、流音、半母音は基本的に常に有声なので、「有声」と断る必要はない。例えば、[m] は「有声両唇鼻音」ではなく「両唇鼻音」と言えば良い。ただし、無声の鼻音がある言語も存在するので、その場合は「有声・無声」の区別を明記した方が良い。

・・・・・・・・・・・・・・・・・・・・・ 練習問題 1 ・・・・・・・・・・・・・・・・・・・・・

　以下の音を「調音点・調音法・有声性」によって定義しなさい。ただし、有声・無声の違いについては、必要な時にのみ述べること。

1. [b]　　2. [t]　　3. [s]　　4. [n]　　5. [ɕ]

6. [dz]　　7. [ç]　　8. [g]　　9. [ŋ]　　10. [ʔ]

2.5　調音点・調音法・有声性のまとめ

		調音点								
		両唇	唇歯	歯	歯茎	歯茎口蓋	後部歯茎	硬口蓋	軟口蓋	喉頭
調音法	閉鎖音	p b			t d				k g	ʔ
	摩擦音	ɸ	f v	θ ð	s z	ɕ ʑ	ʃ ʒ	ç		h
	破擦音				ts dz	tɕ dʑ	tʃ dʒ			
	鼻音	m			n				ŋ	
	流音				l r					
	半母音	w						j		

表 2.5-1：調音点・調音法・有声性のまとめ。日本語か英語に現れる音に限る。

16 五十音表の謎

　「（あ）かさたなはまやらわ」はどんな順番で並んでいるのだろうか。あまり考えたことがないかもしれないが、五十音表の子音の並び方には驚くべき法則が隠れている。（日本語で現在 [h] で発音している音は、昔は [p] として発音されていたので、「は」は「ぱ」として扱う。）まず、右三つは接近音なので、「接近音でない音」と「接近音」の二つのグループに分けられる：「かさたなぱま｜やらわ」。次に、その各グループごとに、調音点で分けることができる：「か｜さたな｜ぱま」「や｜ら｜わ」。こうすると、各グループ内で、左から右へ調音点が奥から前の方になるように並んでいることが分かる。さらに「さたな」「ぱま」の各グループを見ると、鼻音が最後に位置している。このように五十音表は音声学的に理にかなった順番で並んでいる。詳しくは拙著『音とことばのふしぎな世界』を参照。

57

調音音声学

2.6 母音の調音

2.6.1：日本語の母音

　これまで子音の調音方法について学んできたが、この節では母音の調音に移ろう。母音の調音については、棒のついたキャンディーを舌の上に置き、それぞれの母音を発音してみると理解しやすい。しかし、棒つきキャンディーが手元にある人は稀であると思われるので、【参考動画】を用意した。

　これは復習になるが、子音では「調音点・調音法」による区別が大事である。調音点は「口のどこを使って音を出すか」、調音法は「口をどのように使って音を出すか」に関するものであった。母音を考える場合も、この「どこ」と「どのように」が重要になるが、母音の場合にはこれらを「舌の前後」と「口腔の開き度合い」で表現するのが一般的である。

　まず後者の「口腔の開き度合い」から見ていくことにしよう。では、「あ、い、あ、い、あ、い」と発音してみよう。「あ」の時には口腔が大きく開き、「い」の時には口腔が比較的狭くなるのが分かると思う。次に「あ、え、い、あ、え、い、あ、え、い」と発音すると、「え」の口の開きは「あ」と「い」の口の開きの中間程度にあることが分かる。このように、母音は「口腔の開き度合い」で区別することができる。「口腔の開き度合い」は「舌の高低」に反比例するので、「舌の高低」で母音を区別することもある。よって、「舌の高低」と「口腔の開き度合い」の観点から、「あ ＝ 低母音・広母音」「え ＝ 中母音・半狭母音」「い ＝ 高母音・狭母音」と分類される。それぞれ前者は「舌の高低」に、後者は「口腔の開き度合い」に注目した呼び方である。

　次に、「い、う、い、う、い、う」と発音してみると、「い」を発音する時には舌が前に出て、「う」を発音する時には舌が後ろに下がるのが分かると思う。「え、お、え、お、え、お」でも同様である。このように、母音は「舌の前後」でも区別される。「舌の前後」によると、「い、え ＝ 前舌母音」、「あ、お、う ＝ 後舌母音」である。「舌の高低」と「舌の前

後」の区別をまとめると、表 2.6.1-1 のようになる。

　また、唇の動きに注目しながら「う、お」と発音してみると、唇が少し丸まることに気づくだろう。人によっては、「う」ではあまり唇が丸まらないかもしれないが、「お」では唇の丸まりがはっきりと感じられるはずである。このような調音時に唇の丸まりを伴う母音は「円唇母音」と呼ばれる。なぜ後舌母音において唇が丸まるのかに関しては、3.4.1 節で解説する音響的な仕組みを学ぶと理解できるようになる。円唇母音に対して、「い」などの前舌母音を発音すると唇は横に広がる。なぜ前舌母音では唇がこのように動くのかも、3.4.1 節で説明する。

　日本語や英語では「唇が丸まるかどうか」は「舌の高低・前後」から予想がつく。「低母音でない後舌母音」では舌が丸まり、前舌母音では舌が丸まらない。しかし、全ての言語でそうなるわけではない。ドイツ語やフランス語では「前舌母音で唇が丸まる音」がある。例えばドイツ語では、舌は [i] の調音の形をしているのに、唇が丸まる音 ü（音声記号では [y]）がある【参考音声あり】。ドイツ語のクラスでは、この ü の調音を教える時に「『い』と『う』を同時に発音する感じ」と教えることがあるが、これは半分だけ正解と言えよう。ü の舌の位置は、「い」と「う」の中間でなく、あくまで「前」である。よって、ü については、「[i] の調音に [u] のような唇の丸まりを加えて発音する」と言った方が正しい。第 3 章コラム⓰（P.147）も参照。

表 2.6.1-1：日本語の母音の調音。

調音音声学

•••••••••••••••••••••••••• 練習問題1 ••••••••••••••••••••••••••

　表2.6.1-1を見ずに、日本語の母音を自分で発音しながら、それぞれ
の母音を「舌の高低・前後」で分類しなさい。また唇の丸まりが感じら
れる母音を丸で囲みなさい。

••

•••••••••••••••••••••••••• 練習問題2 ••••••••••••••••••••••••••

　次の顔文字を見て、それぞれの口の形がどのような母音を示している
か推測しなさい。

$$(‾ o ‾) (‾ ◇ ‾) (‾ 。 ‾) (‾ - ‾) ノ ”$$

$$o (⌒ 0 ⌒) o ＼ (⌒▽⌒) ／$$

$$(o^O^o) (o^-^o) (o^O^o) (o^o^o) (o^.^o)$$

また、これらの顔文字のもととなった単語を推察しなさい。

••

2.6.2：MRIで見る日本語の母音

　母音調音時における「舌の高低・前後」の違いも、MRIで見ると良く
分かる。図2.6.2-1は日本語の五つの母音の調音画像である。五つの母
音を比べると、「あ」では口腔が大きく開いており、「い」や「う」では
舌が盛りあがって、口腔の開きがとても小さくなっている。「え」「お」
では舌の盛りあがり方が、その中間に位置している。

　また「え」と「お」を比べると、「え」では口腔の前の部分で舌が盛り
あがっており、「お」では口腔の後ろの方で舌が盛りあがっている。また、
「い」と「う」を比べると、盛りあがりの位置の違いはそこまではっきり

2.6 母音の調音

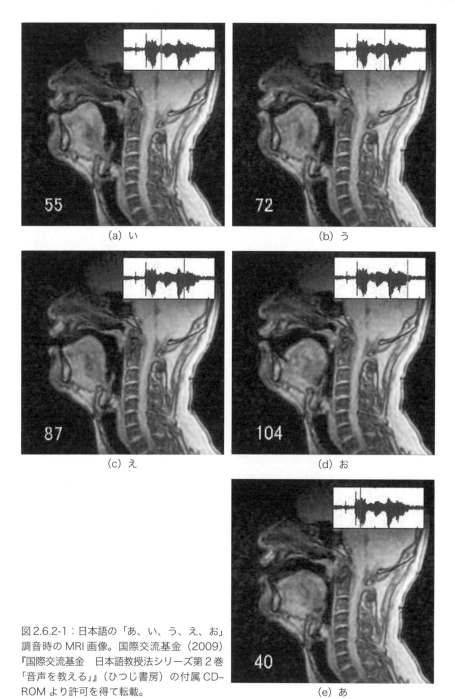

図 2.6.2-1：日本語の「あ、い、う、え、お」調音時の MRI 画像。国際交流基金（2009）『国際交流基金　日本語教授法シリーズ第 2 巻「音声を教える」』（ひつじ書房）の付属 CD-ROM より許可を得て転載。

分かるわけではないが、よく見ると、「う」の方が舌の盛りあがりが多少「い」より後ろに位置していることが分かる。

2.6.3：英語の母音

　日本語には五つの母音しか存在しないのに対し、英語には 10 以上の母音が存在する。具体的に何個の母音が存在するか、またそれぞれの母音がどのように発音されるかは方言によって異なるため一概には言えないが、一例として、表2.6.3-1 に一般的な英語の母音の調音を舌の高低・前後で示す。

　英語の母音を区別する際も「舌の高低・前後」という概念が基本的に有効であるが、日本語とは多少の違いがある。まず日本語では低母音は後舌母音しかないが、英語には「前舌母音で低母音である音」が存在する。cat のような単語に現れる母音で、音声記号では [æ] と書く。ただし、名古屋弁で「えびふりゃ」という時には [ebiɸurʲæ] と発音するので、日本語の中でも名古屋弁ではこの母音は存在する [17]。英語の [æ] を教える時に「『あ』と『え』の中間の音」と言うことがあるが、これはあながち見当外れではない。

　また、英語の高母音を見ると前舌母音（[i] vs. [ɪ]）・後舌母音（[u] vs. [ʊ]）ともに二種類存在する。これらは実際の単語では、beat vs. bit や boot vs. put などに現れる。日本人の耳には [i]、[u] の方が [ɪ] や [ʊ] より長く聞こえる。実際に、[i] や [u] が [ɪ] や [ʊ] よりも長く発音されることもあるが、これは調音位置の違いによることもある。この調音位置の違いの詳細に関しては、次節の MRI の図で確認することにし、ここではそれぞれの音の呼び方だけを紹介しよう。[i] や [u] は「緊張母音」、[ɪ] や [ʊ] は「弛緩母音」と呼ばれる。中母音である [ɛ] と [ɔ] も弛緩母音である。英語に存在する「中母音でかつ緊張母音」である母音は cake や boat のような単語に現れ、これらは母音の後半部分で [eɪ]、[oʊ] のように調音位置が少し変わるので、「二重母音」と呼ばれる。

　最後に「舌の前後」に関してであるが、日本語と違い、英語では「前

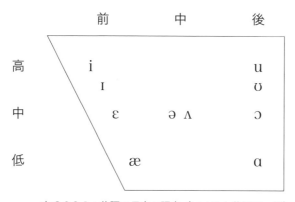

表 2.6.3-1：英語の母音の調音（アメリカ英語の一例）。

[i] *beat*　　　　　　　　　　　　[u] *boot*

[ɪ] *bit*　　　　　　　　　　　　 [ʊ] *put*

[ɛ] *bet*　　[ə] *sof<u>a</u>*　　[ʌ] *but*　　[ɔ] *caught*

[æ] *bat*　　　　　　　　　　　　[ɑ] *hot*

表 2.6.3-2：表 2.6.3-1 の凡例【参考音声あり】。

🈵 *cat*＝キャット？

　cat という英単語を日本語で発音すると、「キャット」と拗音（2.2.3 節）が入る。これはなぜだろうか？　*cat* の母音は [æ] で、前舌母音である。よって英語で *cat* と発音する場合、調音結合（コラム🈵、P.44）の影響で硬口蓋化が起こるが、この硬口蓋性を表すために日本人は拗音を使うのではないかと考えられる。つまり、英語の [k] が前舌母音の [æ] によって前に引っ張られていることを表現するために、[k] に [j] をつけるのである。ここから、日本人も英語の細かい調音情報をしっかり聞き取って、日本語で表していることがうかがえる。

後」だけでなく「前・中・後」という三段階の区別が必要になる。と言うのは、英語には「舌の位置が前でも後ろでもない母音」が存在するからである。特に、英語では強勢（3.4.10節）のない母音は「シュワ」または「曖昧母音」（音声記号は [ə]）と呼ばれるが、この母音は舌があまり動かないため、母音の調音の表では真ん中に置かれる。

2.6.4：MRIで見る英語の母音

　では、MRIで英語の母音の調音を確認してみよう。これらも、画像だけでなく動画を見るとより深く理解できるので、積極的に視聴してほしい【参考動画あり】。まず、図 2.6.4-1 で、表 2.6.3-1 に示した英語の母音の中でも、調音の違いがはっきり現れる四つ角に位置する母音 [i]、[u]、[æ]、[ɑ]、また真ん中に位置する [ə] を見てみよう。日本語の場合と同じように、舌が高く盛りあがり口腔が狭くなっている母音（[i]、[u]）と、口腔が大きく開いている母音（[æ]、[ɑ]）が存在するのが分かる。また、これらの母音（[i] vs. [u]、[æ] vs. [ɑ]）をそれぞれ比べてみると、舌の盛りあがっている部分が [i]、[æ] では前、[u]、[ɑ] では後ろ、と異なっていることが確認できる。

　次に、日本語にはない [i] vs. [ɪ] の調音の違いを見てみよう（図 2.6.4-2、P.67）。まず、[i] の方が [ɪ] よりも口腔がより狭くなっている。舌の前後に関しても、[i] の方が舌がより前に出ており、[ɪ] よりも「極端な」発音をしていることが分かる。さらに、喉の奥の部分に注目すると、[i] の方が [ɪ] に比べて、舌全体が前に出ているのが観察される。このため、[i] vs. [ɪ] を「緊張母音 vs. 弛緩母音」ではなく、「Advanced Tongue Root（ATR）」vs.「Retracted Tongue Root（RTR）」として特徴づける研究者もいる[9]。

---

[9] Harshman, R., Ladefoged, P., & Goldstein, L. (1977) Factor analysis of tongue shapes. Journal of the Acoustical Society of America 62: 693-707.

2.6 母音の調音

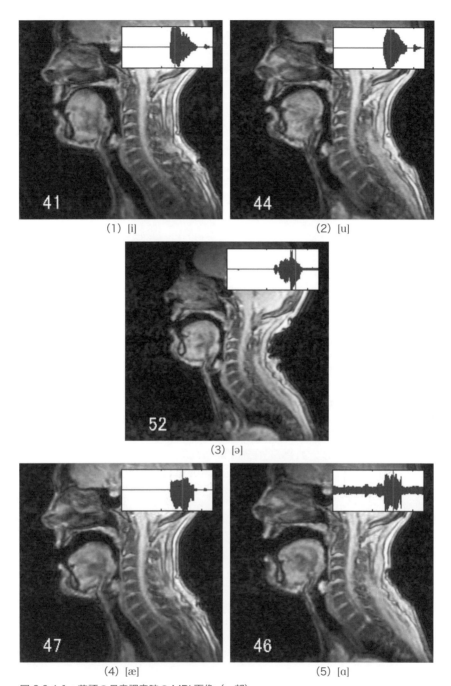

(1) [i]　　　(2) [u]

(3) [ə]

(4) [æ]　　　(5) [ɑ]

図 2.6.4-1：英語の母音調音時の MRI 画像（一部）。

●●●●● | 調音音声学

2.7 ┊ 調音の理解を深める

2.7.1：EMAで見る調音運動

　調音運動を可視化する目的で最近多く使われている技術に、EMA（Electromagnetic Articulograph）がある[18]。この節では、これまで学んできた調音音声学の理解をさらに深めるために、EMA で私たちの調音運動を観察してみよう。EMA を用いた実験では、図 2.7.1-1 のように、話者の調音器官に多くのセンサーを付ける【参考動画あり】。EMA を使うと、この各センサーの動きを通じて、「どのような音を発する時」に「舌のどの部分」が「どのように動くか」が非常に鮮明に分かるようになる。舌の動きとともにセンサーがどのように動くかを示したデモ動画もあるので、参考にしてほしい【参考動画あり】。図 2.7.1-1(a) は舌のどこにセンサーを付けるか、図 2.7.1-1(b) はセンサー配置の全体像を示している。

　図 2.7.1-2 は日本語の話者が「オッケー主題歌と言って」と発音した調音の [⋯e ɕuda⋯] の部分を EMA で分析した結果である[19]。上のパネルが「舌の奥」のセンサー、真ん中のパネルが「舌の真ん中」のセンサー、下のパネルが「舌先」のセンサーの動きを表している（図 2.7.1-1

> **[18] EMAの先駆け、X線マイクロビーム**
>
> 　EMA（Perkell, J. M., Cohen, M., Svirsky, M., Matthies, M., Garabieta, I., & Jackson, M.（1992）Electromagnetic midsagittal articulometer: EMMA systems for transducing speech articulatory movements. Journal of the Acoustical Society of America 92: 3078-3096）が開発される以前は、X 線を使って調音を計測する X 線マイクロビームという技術が使われていた。この技術では直径 2～3 ㎜のペレットを舌に装着してビームを投射することによって、調音運動を観察していた。この開発を主導したのは、日本人の音声科学者、藤村 靖 先生である。X 線マイクロビームを使って得られた調音データは貴重な研究資料であり、データベースとして一般公開されている。http://www.personal.uni-jena.de/~x1siad/uwxrmbdb.html（Westbury, J., Milenkovic, P., Weismer, G., & Kent, R.（1994）X-ray microbeam speech production database. Journal of the Acoustical Society of America 88, S56.）。

2.7 調音の理解を深める

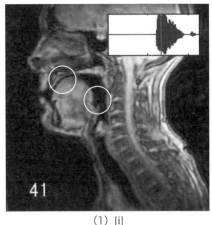 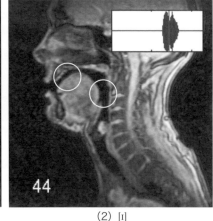

(1) [i]　　　　　　　　　(2) [ɪ]

図 2.6.4-2：[i] vs. [ɪ] の調音の違い。

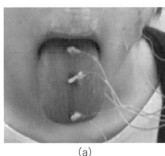 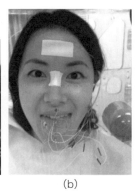

図 2.7.1-1：EMA のセンサーを取りつけた話者。(a) 舌先・舌の真ん中・舌の奥のセンサーの画像。(b) センサー配置の全体像。

(a)　　　　　　　　　(b)

19 無声化した母音の調音は存在するか？

「なぜわざわざ『主題歌』などという単語の調音を調べたのか」と疑問に思った読者もいるかもしれない。実はもともと、この実験では「主題歌 [ɕudaika]」と「主体性 [ɕu̥taisee]」の調音を比べている。後者の [ɕu̥] の部分では母音が無声化する（声帯振動が起こらない）ので（2.4.3 節）、母音自体の音は聞こえないのだが、話者がその母音の調音運動を残しているかどうかを確かめるための実験であった。答えが気になる読者は Shaw & Kawahara (2018) に挑戦してほしい。が、答えを簡単に言うと「調音運動が残る場合とそうでない場合がある」となる。「どうせ無声化して音は聞こえないのだから」と母音の調音自体を削除してしまう場合と「やはり母音は発音しておこう」という場合があるのである。Shaw, J., & Kawahara, S. (2018) The lingual gesture of devoiced /u/ in Tokyo Japanese. Journal of Phonetics 66: 100-118.

(a)参照)。EMAは3次元の動きを全て計測できるが、この節では上下の動きのみに注目する。y軸は標準化された「高さ」で、線の上昇が舌の盛りあがりを示している。

　まず一番上のパネルに注目してみよう。全体的に、[e] から [u] にかけて盛りあがり、[a] にかけて下降している（[e] が中母音、[u] が高母音、[a] が低母音であることを思いだそう。詳細は、2.6.1 節を参照）。このパネルから観察されるように、一般的に母音の高低の調音のコントロールは「舌の奥」が司っている。次に真ん中のパネルを見ると、「主題歌」の最初の子音にあたる [ɕ] の部分に顕著な盛りあがりが見られる。これは「舌の真ん中」が [ɕ] の調音を司っているからである。ただし、舌先のセンサーにも少し盛りあがりが見られるので、「舌先」も [ɕ] の調音に連動して動いていることが分かる。最後に、一番下のパネルを見ると、[d] の調音には「舌先」の動きが関わっていることが分かる。このように、EMAを使うと、「どのような音を発する時」に「舌のどの部分」が「どのように動くか」が非常に良く分かる。

　では、EMAによる分析の例をもう一つ見てみよう。図2.7.1-3はアラビア語の [ksbul] の調音をEMAで計測したものである。一番上のパネルからは [s] と [l] の調音時に「舌先」が上がっていることが分かり、真ん中のパネルからは [b] の調音時に「下唇」が動いていることが分かる。また、下のパネルからは [k] と母音 [u] の調音時に「舌の奥」が動いていることが分かる。

　EMAの大きな利点の一つは、個々の調音器官がどのように連動しているか観察できることにある。例えば、図2.7.1-3でx軸が100となっている点（縦線部分）に注目してほしい。[k] の調音が終わり、「舌の奥」が下がっていく途中で、すでに [s] による「舌先」の運動が始まり、ほぼ頂点にまで達している。このように、人間の調音動作は、「[k] の調音を完全に終えてから、次の [s] の調音動作を開始する」というような単純なものでないことが分かる。EMAを使うと、このように、調音器官同士の複雑な連動の様子を観察・研究することができる[20]。

2.7 調音の理解を深める

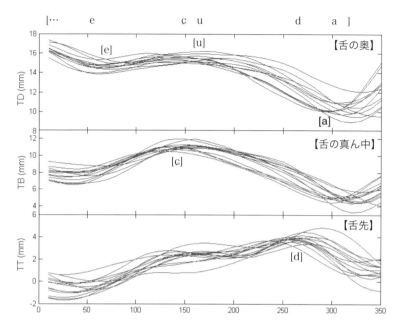

図 2.7.1-2：EMA で計測された日本語の [⋯e cuda⋯] の調音【カラー図あり】。

> **⓴ Articulatory Phonology**
>
> X 線マイクロビームや EMA によって、各調音器官の連動の様子を観察することが可能になった。また舌や唇同士の連動だけでなく、声帯の動きと舌の動きにも一定の関係があることが確認されている。この一連の研究を受けて、調音器官の連動をまるで音楽の楽譜のように定式化していく理論が生まれ、Articulatory Phonology と呼ばれている (Browman, C., & Goldstein, L. (1992) Articulatory Phonology: an overview. Phonetica 49: 155-180)。この理論は 1980 年代後半に提唱され、現在に至るまで活発に議論がなされている。

調音音声学

・・・・・・・・・・・・・・・・・・・・ 練習問題1【上級】 ・・・・・・・・・・・・・・・・・・・・

http://fujimurainstitute.org/osamu/#video で、藤村 靖 先生を偲ぶ、あるアメリカ人の音声学者が「Osamu Fujimura」と英語で発音した調音の EMA データを見ることができる。この動画を見ながら、様々な調音運動の動きを確認しなさい。

・・・

2.7.2：超音波で見る調音運動

　MRI や EMA は調音運動を見る上で非常に有用な技術であるが、制限もある。例えば、幼い子どもの調音を分析したい場合、MRI の中に小さい子どもを入れて発音をしてもらうのは不可能に近いし、EMA のセンサーを小さな口の中に取りつけるのも難しいだろう。このような難点を克服するためには、超音波のような、体の外側から測れる非侵襲的な技術が有用となる。超音波は、胎内の赤ちゃんの発達状態などの検査に使われることからも分かるように、非常に安全で手軽に使える装置である【参考動画あり】。

　超音波にはまた、超音波ならではの利点もある。EMA では、あまり多くのセンサーを付けると線が絡まってしまうため、舌の上に取り付けられるセンサーの数はせいぜい5個までである。よって、舌全体の形がどうなっているのかは、その5個のセンサーで得られた結果から推測しなければならない。一方、現在の超音波の技術では 100 個のデータを使って舌の動きを観察できるため、EMA よりも舌の動きの全体像をよりよく捉えることができる。また、EMA だと舌の奥の動きが分かりにくいが、超音波では舌の奥もよく観察することができる[21]。

　図 2.7.2-1 と 図 2.7.2-2 は、英語の [r] と [l] の調音を超音波で比較したものである。超音波の図を見る時に注意すべき点は、MRI の図と異なり、超音波の図では右側が舌先で左側が舌の奥を表すということである。

70

2.7 調音の理解を深める

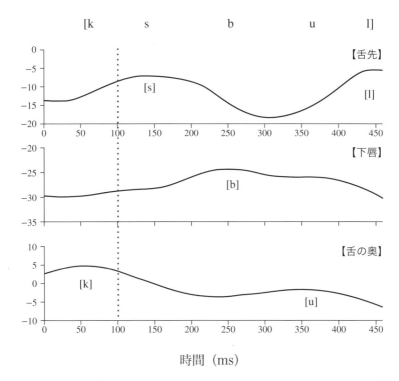

図 2.7.1-3：EMA で計測したアラビア語における [ksbul] の調音【カラー図あり】[10]。

> **21 超音波を使った研究をさらに知るために**
> 　超音波を利用した音声学研究は 2005 年あたりから次第に活発化し、現在では、毎年、超音波を使った音声研究のためだけの学会「UltraFest」までも開催されるようになっている。この超音波を使った音声研究の先駆けとなった研究者の一人にニューヨーク大学の Lisa Davidson 先生がおり、大学のウェブサイトには超音波の研究に必要な情報がまとめられている（https://wp.nyu.edu/peplab/resources/）。 超音波の手法を音声学に持ち込んだ古典的論文としては、Davidson, L. (2005) Addressing phonological questions with ultrasound. Clinical Linguistics and Phonetics 19: 619-633 がある。

---

[10] Shaw, J., Gafos, A. I., Hoole, P., & Zeroual, C. (2009) Syllabification in Moroccan Arabic: evidence from patterns of temporal stability in articulation. Phonology 26: 187-215 にもとづき描き直したもの。

調音音声学

図 2.7.2-1 で示された [r] 調音時の超音波画像では、舌の真ん中部分が大きく盛りあがっているのが分かる。残念ながら MRI と同様、超音波にも歯は映らないが、図 2.7.2-2 では [l] の調音のために舌先が盛りあがっているのが分かる（①）。これは舌先を歯に押しつけているためである。また近年の研究で、[l] の調音の際には、舌の後ろが盛りあがって（②）、舌の真ん中部分がへこむことが分かっている（③）[11]。図 2.7.2-2 では、「舌の前と後ろの部分の盛りあがり」と「舌の真ん中部分のへこみ」が全て鮮明に捉えられている[22]。

> **[22] 明るい[l]と暗い[l]**
>
> 実は、[r]と同じように、[l]にも文字通り「色々な[l]」がある。英語では、語頭の[l]（例えば *light*）と、語末の[l]（例えば *tall*）では随分と音の聞こえ方が異なる。音声学では、前者は「明るい[l]」、後者は「暗い[l]」と呼ばれ、図 2.7.2-2 の舌の後ろの盛りあがりは「暗い[l]」に特徴的に現れる。ただし、ここで言う「明るい」vs.「暗い」は、厳密に二つに分けられるものではなく、「どの程度暗いか」という度合いの問題であることも分かっている（Sproat, R., & Fujimura, O.（1993）Allophonic variation in English /l/ and its implications for phonetic implementation. Journal of Phonetics 21: 291-311）。

2.7 調音の理解を深める

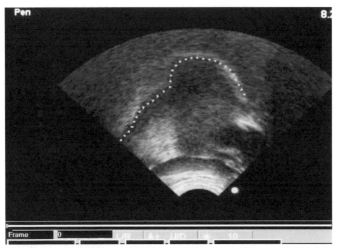

図 2.7.2-1：[r] 調音時の超音波画像。MRI の画像と違い、右が舌先を表すことに注意。

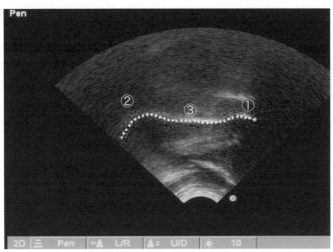

図 2.7.2-2：[l] 調音時の超音波画像。①舌先の盛りあがり、②舌の奥の盛りあがり、③真ん中のへこみが観察される【カラー図あり】。

---

(11) Browman, C. P., & Goldstein, L. (1995) Gestural syllable position effects in American English. In Bell-Berti, F., & Raphael, L. J. (eds.) Producing speech: contemporary issues: For Katherine Safford Harris. AIP Press: Woodbury, NY. pp. 19-33.

調音音声学

2.8 空気力学

2.8.1：口腔内気圧変化

　調音音声学においては、これまで説明してきた「調音点・調音法・有声性」を理解することがまず重要である。それらを理解したという前提で、この節では一歩進んだトピックを扱おう。人間が音声を発する際には、必ず空気が流れる。よって、音声の調音を考えるにあたっては、空気の流れ方、すなわち「空気力学」を理解することが非常に重要になる[12]。

　人間の音声は、口腔内の空気の流れ方に注目すると、「阻害音」と「共鳴音」に大別される。日本語の阻害音とは「濁点が付く可能性があるもの、または濁音そのもの」であり、共鳴音は「濁音が付く可能性がないもの」である。濁音という文字上の区別でなく、より音声学的な観点から定義すると、阻害音は「口腔の狭めが強く、口腔内気圧が上昇する音」となる。よって、口腔が完全に閉じてしまう閉鎖音は阻害音に含まれる。閉鎖音における口腔内気圧の上昇は、口腔の閉じが開放された時の破裂につながる。これは、空気がいっぱいに入った風船にいきなり穴が空いてしまった状況を想像すると分かりやすいだろう。図2.8.1-1は[apa]調音時の口腔内気圧の変化を測ったものである。[p]調音時の両唇の閉じによって口腔内気圧が一気に上昇し、開放とともに気圧が一気に下降するのが分かる[23]。

　また、図2.8.1-2が示しているように、摩擦音も、口腔の狭めが強いため口腔内気圧が上がり、この口腔内気圧の上昇が摩擦につながっている。逆に言うと、口腔内気圧が上がらないと摩擦を起こすことはできない。このように「阻害音＝閉鎖音＋摩擦音（＋破擦音）」であるが、これを暗記するよりも、「阻害音＝口腔内気圧が上昇する音」と理解する方が望ましい[24]。表2.3.1-1（P.39）の上から二つが阻害音に対応する。

　一方、共鳴音では、空気が阻害されることなく流れるため、口腔内気圧は上昇しない。空気が多く流れる「鼻音・流音・半母音」などが典型的な共鳴音である。つまり、表2.3.1-1の下から三つが共鳴音である。共

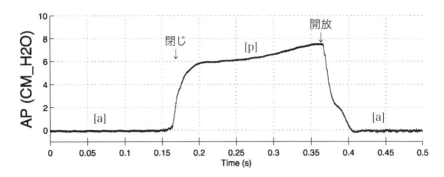

図 2.8.1-1：[apa] 調音時の口腔内気圧の変化。縦軸の AP は Air Pressure（空気圧）の略。横軸は時間（秒）。

🆔 [p]、[t]、[k] の破裂の強さと長さ

[p]、[t]、[k] は全て「破裂音」だが、どの音の破裂も一緒かと言うとそうではない。唇や舌による閉鎖から声帯までの空間に注目してみよう。調音点が口腔の奥にいけばいくほど、この空間は小さくなる。[p] と [k] を比べてみれば、後者の方がこの空間が小さいことが分かる。この空間が小さければ小さいほど、その空間の圧力は上昇しやすくなる。よって、一般的には調音点が口腔の奥にいくほど（[k] > [t] > [p] の順で）、破裂は強く、長くなる傾向にある。

🆔 大事なのは暗記でない

著者は若かりし頃「阻害音＝閉鎖音＋摩擦音＋破擦音」「共鳴音＝鼻音＋流音＋半母音」と暗記をさせられた記憶がある。そのせいで、あやうく音声学が嫌いになるところであった。これらの音に共通する特徴を理解しないで暗記だけしても何の意味もない。もちろん、覚えるのが大好きだと言う人を止めるつもりは全くない。言語聴覚士の国家試験のためには暗記が必要になるのも事実である。ただ、音声学の魅力は、暗記することにあるのではないと思う。これらの概念は理解していく過程で自然と身につくものである。

---

(12) 少し上級者向けだが、音声学における空気力学に関しては Schadle, C. H.（1997）The aerodynamics of speech. In Hardcastle W. J., & Laver J.（eds.）The handbook of phonetic sciences. Oxford: Blackwell. pp. 33-64 に詳しく解説されている。本節の内容を読んで興味を持った読者は、ぜひ挑戦してほしい。

鳴音では空気がスムーズに流れ、声帯が振動するため、多くの言語で共鳴音は有声音であることが多い。図 2.8.1-3 は [ama] 調音時の口腔内気圧の変化を示している。[m] の調音中は、口腔が閉じているため、多少の上下変化は見られるものの、図 2.8.1-1 （[apa]）や図 2.8.1-2 （[asa]）に比べて、口腔内気圧の上昇がほとんど見られない。

2.8.2：有声阻害音における空気力学

有声阻害音は、[b]、[d]、[g]、[z] を含み、口腔内気圧の変化は、これらの音の振る舞いを理解する上でも重要になる。ここでは、肺から口腔に空気が流れる仕組みを観察してみよう（図 2.8.2-1）。

有声阻害音を発音するためには、声帯を振動させなければならない。声帯振動は、肺（声帯下空間）から口腔に空気を流し続けることで達成される（図 2.8.2-1 ②）。しかし、閉鎖音の場合、口腔内で閉じが起きる（図 2.8.2-1 ②）。その結果、口腔に流れこんだ空気の逃げ場がなくなり、口腔内気圧が上がる。気圧とは「空気中の分子が壁を押す強さ」なので、空気が多く入れば入るほど気圧は上がる。一方、空気は気圧の高い空間から気圧の低い空間に流れるため、口腔内気圧が上がってしまうと、声帯下空間から空気を流し込むのが困難になる（図 2.8.2-1 ③）。すでに膨らんでしまった風船にさらに空気を入れるのは困難なことからも、これは分かるだろう。よって閉鎖音中に声帯振動を続けるためには、話者は口腔内空間を膨張させることで口腔内気圧の上昇を緩やかにさせる（図 2.8.2-1 ④）。口腔内空間が膨張すると口腔内気圧は下がり、声帯振動を持続させることが可能になる[25]。

では、有声阻害音の調音時の空気の流れを、少し別の角度から考察してみよう。図 2.8.2-2 は [aba] を発音した時の口腔内気圧の変化を示している。この図を見ると、口腔内気圧は徐々にゆっくり上昇していることが分かる。図 2.8.1-1 の [apa] のグラフと比較すると、その違いは明白であろう。なぜ [b] を発音する時には、このようにゆっくりとした口腔内気圧の変化が起こるのか。[b] 調音時には声帯振動が必要なので、口

2.8 空気力学

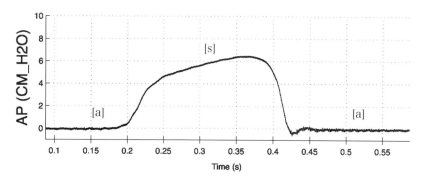

図 2.8.1-2：[asa] 調音時の口腔内気圧の変化。

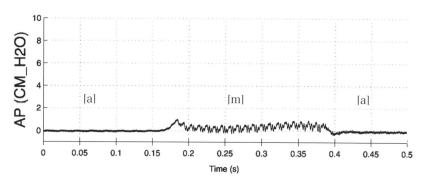

図 2.8.1-3：[ama] 調音時の口腔内気圧の変化。

> ### 25 ボイルの法則
> 「空間の体積が膨張すると、その空間の圧力が下がる」という現象はボイルの法則による。ボイルの法則は「圧力(p)＊体積$(V) = k$(一定)」という式で表され、人間は呼吸をする時にもボイルの法則を駆使している。息を吸い込む時には、肺の体積を広げ肺の圧力を下げることで、肺の中に空気が流れこむ。息を吐く時には、逆に、肺が収縮するのに伴って肺の圧力が上がり、空気が外に流れる。ちなみに「ボイルの法則」とセットで教えられることが多い「シャルルの法則」は温度に関する法則なので、音声学にはあまり関係がない。

腔内空間を膨張させるからである。一方、無声子音の [p] を発音する時には声帯振動を止めることが必要で、そのためには口腔内気圧を一気に上げれば良いということになり、それは図 2.8.1-1 の口腔内気圧の変化に現れている[26]。

　この有声阻害音の調音時の口腔の膨張は、MRI でも観察することができる。図 2.8.2-3(a)は [isi] の [s] 調音時、(b)は [izi] の [z] 調音時の口腔の様子である。この二つの図を比較すると、[z] 調音時には口腔が非常に大きく膨張しているのが分かる。

　有声阻害音の調音には、このように口腔を膨張させる必要があるため、ハワイ語などのように、有声阻害音を持たない言語も多い。少し乱暴な言い方だが、それらの言語は「口腔を膨張させる必要がある（発音するのが面倒な）音を避けている」と言えるかもしれない。また、タイ語やオランダ語など、[b]、[d] は存在するのに [g] だけ存在しないという言語も多く存在する。これは、調音点が口腔の奥であるほど、閉じの後ろの空間が小さくなり、口腔内気圧が上昇しやすいからである。また、口腔の奥で閉じが起きると、頬のような広がりやすい器官の膨張を使うことができない。よって [g] の調音は特に空気力学的に難しい[13]。

[26] [p]がない言語？

　意外かもしれないが、[p] を使わない言語は結構多く存在する。例えば、アラビア語には [p] がない。驚くなかれ、日本語も [p] を失った時期がある。では、[p] を使わないのには何か理由があるのだろうか。母音に挟まれている場合の [p] を考えてみよう。母音を発音している間は声帯が振動している。この声帯振動を止めるには、口腔内気圧を上げれば良い。しかし、[p] は口腔空間が大きいので、口腔内気圧を上昇させるのに時間がかかり、声帯振動がすぐ止まらない場合がある。よって、[p] と [b] が似た音になってしまい混乱しやすくなる。[p] を使わないのは、この混乱を避けるためである可能性が高い。(Hayes, B. (1999) Phonetically-driven phonology: the role of Optimality Theory and inductive grounding. Darnell, M., Moravscik, E., Noonan, M., Newmeyer, F., & Wheatly, K. (eds.) Functionalism and formalism in linguistics. John Benjamins. pp. 243-285)。

2.8 空気力学

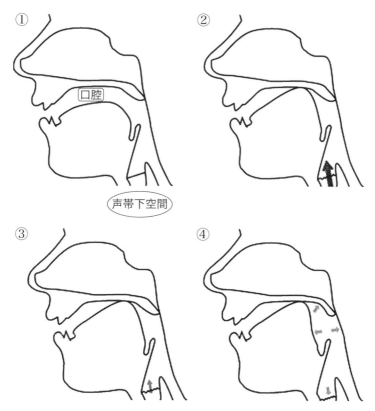

図 2.8.2-1：有声阻害音の調音時の空気力学。

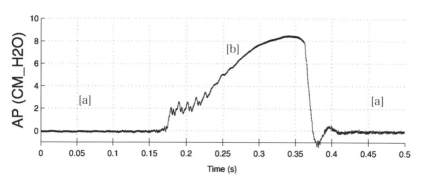

図 2.8.2-2：[aba] 調音時の口腔内気圧の変化。

(13) Ohala, J. J. (1983) The origin of sound patterns in vocal tract constraints. In MacNeilage, P. (ed.) The production of speech. New York: Springer-Verlag. pp. 189-216. コラム26の Hayes (1999) も参照。

調音音声学

•••••••••••••••••••• 練習問題1【中級】 ••••••••••••••••••••

　東北方言では、例えば、相づちを打つ時、「んだんだ」のように、有声
阻害音を発音する際、空気を少し鼻腔に流すことがある。本節で述べた
空気力学的な観点から、なぜこのような現象が起きるのか説明しなさい。

•••

•••••••••••••••••••••••• 練習問題2 ••••••••••••••••••••••••

　UPSID（The UCLA Phonological Segment Inventory Database）
は、どの言語がどのような音を使っているかを記録したデータベースで
ある。UPSID によると、「[b] はあるが [g] はない言語＝ 43 個」「[g] は
あるが [b] はない言語＝ 9 個」である。この結果を空気力学的な観点か
ら説明しなさい。

•••

　有声阻害音の空気力学的な問題をより深く理解するために、次に有声
閉鎖音の促音を観察してみよう。2.9.1 節で詳細に確認するが、促音（小
さい「っ」の付いた音）は簡単に言うと「調音時間が長い音」である。例
えば、「買った」の [t] は長く発音される。促音を発音するためには、長
時間、閉鎖を続けなければならない。そのため、「有声閉鎖音の促音」は
非常に調音が難しい。実際に日本語でも、昔は有声閉鎖音の促音を使っ
ておらず、現在も有声閉鎖音の促音は外国語からの借用語にしか使われ
ていない。しかも、「ドッグ」などの外来語に出てくる有声閉鎖音の促音
であっても、声帯振動が最後まで続くケースは非常に少ない [14]。図
2.8.2-4 に日本人が「レッド」と発音した時の EGG 波形（2.4.2 節）を
示す【参考音声あり】。[re] や [o] の部分ではきれいに波打って（つまり
声帯が振動して）おり、[dd] の区間では声帯の振動が途中で止まってい
るのが分かる。

2.8 空気力学

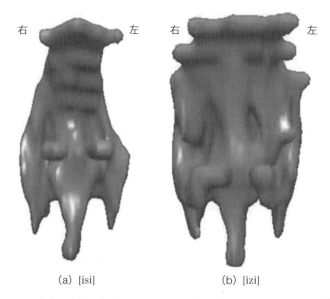

(a) [isi]　　　　　(b) [izi]

図 2.8.2-3：有声阻害音調音時の口腔の MRI 画像。【カラー図は原典を参照】[15]。

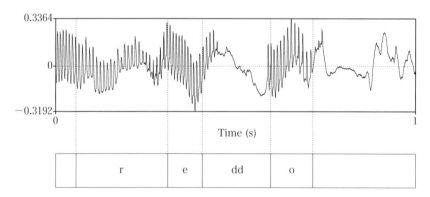

図 2.8.2-4：日本人の「レッド」調音時の EGG 波形。

---

[14] Kawahara, S. (2006) A faithfulness ranking projected from a perceptibility scale: the case of [+voice] in Japanese. Language 82: 536-574.

[15] Proctor, M., Shadle, C.H., & Iskarous, K. (2010) Pharyngeal articulation in the production of voiced and voiceless fricatives. Journal of the Acoustical Society of America 127: 1507-1518 より許可を得て転載。

調音音声学

これまで見てきたように、[b]、[d]、[g] のような有声の閉鎖音を発音する際には空気力学的な負荷がかかるが、摩擦音である [z] の調音には、さらなる負荷がかかる。[z] は摩擦音であるから、当然摩擦を起こすべきである。しかし、摩擦を起こすためには口腔内気圧を高めなければならない。そこで、話者は「摩擦は起こせる程度に口腔内気圧を高め、かつ声帯振動を持続させられる程度に口腔内気圧を低めに抑える」という非常にデリケートなコントロールを強いられることになる。もちろん、このようなコントロールも可能ではあるが、通常、話者は摩擦を作ることを諦めて、口腔内気圧をあまり高めず接近音のように発音したり、声帯振動を諦めて無声で発音し、摩擦をとても短くすることで有声性を表現したりする。有声音が無声音よりも短いという観察は、音響音声学の3.4.8 節で、より詳細に確認することにしよう。

•••••••••••••••••••••••••• 練習問題3【中級】 ••••••••••••••••••••••••••

東京方言では、高母音である「い」と「う」は無声子音に挟まれると無声化する（2.4.3 節、2.7.1 節参照）。例えば、「好き」と発音した時の最初の母音 [u] では声帯振動がほとんど観察されない。なぜ高母音でのみ無声化が起こるのか、空気力学的な観点から説明しなさい。

ヒント：高母音では舌が上がっているため、口腔内気圧が上がったままになりやすい。

•••••••••••••••••••••••••• 練習問題4【中級】 ••••••••••••••••••••••••••

教科書的に言えば、[t] も [d] も閉鎖音・破裂音であり、調音法は同じとされる。しかし EPG を使うと、必ずしも「調音法が全く同一である」とは言えないことが分かる。図 2.8.2-5 に [t] と [d] の調音の比較を示す。この図にもとづいて、[t] と [d] の違いを述べなさい。また、なぜこの違いが生まれるのか、空気力学的観点から答えなさい。

	100	100	100	100	100	100	
100	100	100	100	100	100	100	100
63	52	38	26	13	46	69	90
78	0	0	0	0	0	47	73
74	0	0	0	0	0	0	68
100	0	0	0	0	0	0	100
100	0	0	0	0	0	0	100
100	68	0	0	0	0	72	100

(a) [t]

	100	89	100	84	100	100	
100	97	0	0	0	0	0	100
92	0	0	0	0	0	0	64
92	0	0	0	0	0	0	59
100	0	0	0	0	0	0	100
100	26	0	0	0	0	0	84
100	68	0	0	0	0	0	100
100	79	66	0	0	0	0	100

(b) [d]

図 2.8.2-5：[t] と [d] 調音時の舌と口蓋の接触パターン比較。

2.8.3：空気の流れを測る…ナゾメーター

　2.3.1 節で「鼻音を発音する時には空気が鼻腔に流れる」「摩擦音を発音する時には、空気の乱流が起こる」ということを述べた。よって、これらの音の調音を考える際には、空気の流れを計量的に分析することが重要になる。空気の流れを計測するには「ナゾメーター」という装置が用いられる。この装置を使うと、口腔と鼻腔それぞれから空気がどのくらい流れているか正確に測ることができる。図 2.8.3-1 (a) が示すように、ナゾメーターには、鼻と口それぞれにあてるマスクが付いており、そこにチューブがつながっている。これによって、「どの音を発音する時に、どのくらいの空気が流れているか」を客観的に計測することができる。EPG と同じく、ナゾメーターは基礎研究の場だけではなく、口蓋から鼻腔に空気が漏れてしまう口蓋裂という障害の検査など、臨床の現場でも使われている。

図 2.8.3-1(b)は、音声学の専門家が世界中の言語音を発音し、その発音における空気の流れを測定した結果である。y 軸は「口からの空気の流れ」を、x 軸は「鼻からの空気の流れ」を示している。

x 軸の右の方に位置している音に注目してみると、[m]、[n]、[nʲ] など、どれも「鼻音」である。ナゾメーターを使うと、鼻音を発音する際には毎秒 0.2 mL から 0.4 mL の空気が鼻から流れていることが分かる。次に、グラフの左上に分布している音を見てみよう。[s]、[f]、[h] など「無声摩擦音」が多く存在していることが分かる。無声摩擦音を発音する際には、口腔内の気圧が上がるので、多くの空気が流れるということである。

また、ここで一つ注目したいのは、「グラフの右上に分布する音がない」ということである。グラフの右上は、「鼻音摩擦音」ということになる。しかし、鼻音摩擦音を作り出すためには、鼻と口、両方から多くの空気を流さなければならない。それは調音上、話者に大きな負担を強いることになる。鼻音になってしまうと空気が鼻腔へ流れてしまうため、口腔内気圧が上がらない。しかし、口腔内気圧が上がらないと強い摩擦を作ることができない。2.3.1 節で述べたホースの例を使えば、遠くの花に水をあげようとしてホースの口を狭めても、他のところから水が漏れてしまえば乱流が起こりにくくなり、水が飛ばなくなる。これと同じように、鼻音摩擦音を発音するのは非常に難しいので、人間の使う音声には鼻音摩擦音が滅多に出てこないのである[17]。

---

[16] Mielke, J. (2011) A phonetically based metric of sound similarity. Lingua 122: 145-163 のデータをもとに著者が再現したグラフ。

[17] Shosted, R. (2010) The aeroacoustics of nasalized fricatives. Doctoral dissertation, University of California, Berkeley.

2.8 空気力学

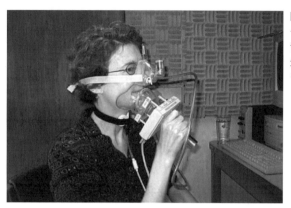

図 2.8.3-1：(a) ナゾメーター。装置を付けているのは、音声学者の Natasha Warner 先生。同時に喉頭付近に EGG も装着している。

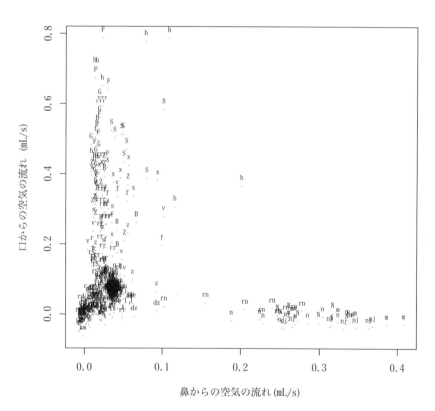

(b) 様々な音の空気の流れ。縦軸は口からの空気の流れ。横軸は鼻からの空気の流れ[16]。

調音音声学

2.9 その他のトピック

2.9.1：促音

　促音は、日本語の音声学研究の中でも多くの注目を集めている音である。促音とは、「買った」などの単語に現れる「っ」の後に出てくる子音のことである（「っ」そのものを促音と呼ぶ場合もある）。「肩 [kata]」と「買った [katta]」を比べると、後者の [t] の方が長く発音される。促音に対して短い子音のことを「単音」と呼ぶ。

•••••••••••••••••••••••••••• 練習問題 1 ••••••••••••••••••••••••••••

　「肩 vs. 買った」「柿 vs. 活気」「補佐 vs. 発作」を発音して、両者の違いを見つけなさい。子音の長さの違いは簡単に感じられると思うが、促音の前の母音の長さはどうだろうか。実は、母音の長さも、単音と促音の前では異なる。単音の前と促音の前、どちらで母音が長くなるか考えなさい。

••

　次に、「促音は長い子音である」ということを図 2.9.1-1 の EPG のデータを用いて観察してみよう（2.2.4 節、2.3.4 節）。EPG では一コマが 10 ミリ秒（0.01 秒）に対応する。単音より促音の方が、舌先によって閉じが起きている時間が長いことが分かる。

　しかし「促音はただ単に長いだけの子音か」と言うと、話はそう単純でもない。EPG を使って単音と促音の調音を比較すると、図 2.9.1-2 が示すように、促音の方が口蓋への接触面積が広い。舌先の閉じだけでなく側面狭窄もより広く観察される。つまり、促音は「より強い」調音運動を伴って発音されているのである。また、近年の研究で、このような「促音の調音強化」はイタリア語やモロッコで話されているベルベル語などでも観察されることが分かってきた[18]。よって、促音は「強い子音」と特徴付けることも可能かもしれない。

86

2.9 その他のトピック

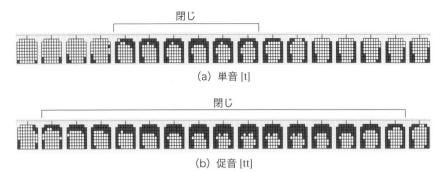

(a) 単音 [t]

(b) 促音 [tt]

図 2.9.1-1：EPG による単音と促音の調音比較。

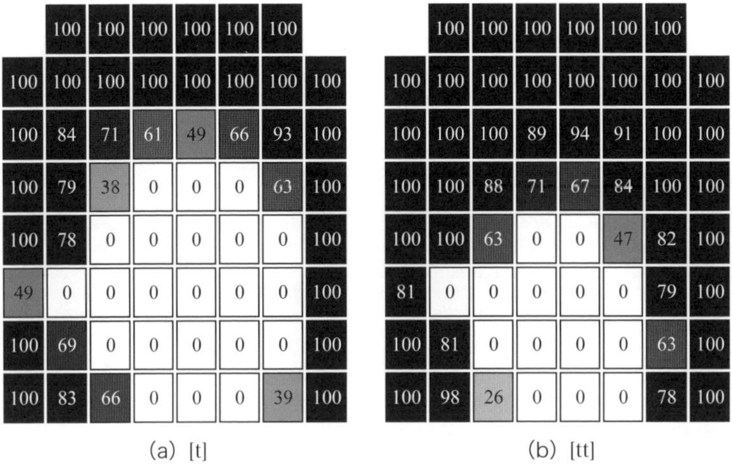

(a) [t]　　　　　　　　(b) [tt]

図 2.9.1-2：単音（[t]）と促音（[tt]）調音時の舌と口蓋の接触パターン比較。

---

(18) Ridouane, R., & Halle, P. A. (2017) Word-initial geminates: from production to perception. Kubozono, H. (ed.) The phonetics and phonology of geminate consonants. Oxford: Oxford University Press. pp. 66-84.

調音音声学

また、促音は子音自体の長さだけでなく、周りの母音の長さにも影響を与える。日本語では、促音の前の母音は単音の前の母音よりも少し長くなり、逆に促音の後の母音は単音の後の母音より少し短くなる。促音が「ただ単に長いだけの子音ではない」というのは、こういうことである[19]。

•••••••••••••••••••••••••• 練習問題2【中級】 ••••••••••••••••••••••••

図 2.9.1-3 は [s] と [ss] の調音データの比較である。この図から何が分かるか考察しなさい。

(a) [s]

	96	94	91	0	0	38	
100	85	78	0	0	0	96	100
100	92	0	0	0	67	94	100
100	13	0	0	0	0	0	100
100	8	0	0	0	0	0	100
100	92	0	0	0	0	0	100
100	100	0	0	0	0	21	100
100	100	0	0	0	0	86	100

(b) [ss]

	97	96	93	0	0	19	
96	90	81	21	0	0	90	96
90	81	72	0	0	73	90	93
100	0	0	0	0	0	33	100
100	0	0	0	0	0	0	94
100	90	0	0	0	0	0	100
100	77	0	0	0	0	0	100
100	93	0	0	0	0	91	100

図 2.9.1-3：[s] vs. [ss] 調音時の舌と口蓋の接触パターン比較。

2.9.2：アクセント

東京方言では、「雨」と「飴」のように、同じ音でも音の高さによって意味が異なることがある。このような違いを「（ピッチ）アクセントの違い」と言う[20]。一般には「イントネーションの違い」と表現されること

もあるが、専門的には、イントネーションは文レベルの音の高さの変化のパターンを示す用語である。また他言語の記述では、単語内の音の高さの違いを表すために「声調」という単語を用いる場合も多く、日本語を中国語と同じように声調言語とみなす立場もあるが、日本語では音の高さの動きが限られているため「アクセント言語」とみなすのが一般的である[21]。

では、日本語のアクセントの特徴について考えてみよう。音の高さに注目すると、「雨」では「高低」、「飴」では「低高」となっている。また、「うさぎ」は「低高高」、「たまご」は「低高低」、「いのち」は「高低低」となっている。ここから分かることは、日本語のアクセントにおいて重要になるのは「高いか、低いか」だけだということである。アクセントに関して、東京方言は以下のルールで特徴づけられる。

(1) 単語内において、「高」から「低」に下がることがある。
(2) この「高低」の起こる部分を「アクセント」または「アクセントの滝」と呼ぶ。アクセントの位置は「⌐」記号かアポストロフィ「'」で示す（例：たま⌐ご、たま'ご）。
(3) アクセントは必ずしも存在しなくても構わない。
(4) 語頭の母音にアクセントがない限り、単語は「低高」で始まる。
(5) 以上のルールで「高低」が決まらない母音は、その前の母音と同じ「高低」を持つ。

---

[19] Kawahara, S. (2015) The phonetics of *sokuon*, obstruent geminates. In Kubozono, H. (ed.) The handbook of Japanese language and linguistics: phonetics and phonology. Berlin: Mouton. pp. 43-73.

[20] Kawahara, S. (2015) The phonology of Japanese accent. In Kubozono, H. (ed.) The handbook of Japanese language and linguistics: phonetics and phonology. Berlin: Mouton. pp. 445-492.

[21] McCawley, J.D. (1978) What is a tone language? Fromkin, V. A. (ed.) Tone: a linguistic survey. New York: Academic Press. pp. 113-131.

調音音声学

　よって、例えば三文字（厳密には、「三拍」）の単語には、以下のパターンが存在する【参考音声あり】。

・平板型（アクセントなし）：低高高（うさぎ）
　　ルール（4）で頭が「低高」。ルール（5）で三拍目が「高」。
・頭高型（頭にアクセント）：高低低（い'のち）
　　ルール（1）、（2）から頭が「高低」。ルール（5）で三拍目が「低」。
・中高型（真ん中にアクセント）：低高低（たま'ご）
　　ルール（4）で頭が「低高」。ルール（1）、（2）で最後が「高低」。
・尾高型（最後にアクセント）：低高高（低）（おとこ'（も））
　　ルール（4）で頭が「低高」。ルール（1）、（2）で最終部分が「高低」。

　アクセントが最後の文字（拍）にある場合、単体で発音されると「低高高」となり平板型と区別がつかない。尾高型と平板型を区別するためには「も」などの助詞を付ける必要がある。

　図 2.9.2-1 から図 2.9.2-4 に、それぞれのアクセントパターンにおける実際の音の高さの変化を示す。阻害音が入ってしまうと音の高さがきれいに測れないので、純粋に音の高さだけを測るために「ままま」と発音している[22]。

　平板型の単語（「低高高」、図 2.9.2-1）では、アクセントがないため音の高さが下がらない。頭高型の単語（「高低低」、図 2.9.2-2）では、平板型の単語に比べて高い位置から始まり、最初の拍で多少音の高さの上昇が見られるが、次の拍に向けて音の高さの下降が起こる。中高型の単語（「低高低」、図 2.9.2-3）では、最初の拍から次の拍にかけて上昇し、最終拍で下降する。尾高型（「低高高（低）」、図 2.9.2-4）では、最後の拍にアクセントが来るため、最初の 3 拍だけでは平板型と区別がつかない。しかし、助詞（例：「も」）を付けると、その拍に向けて下降する。例えば「花」と「鼻」は単独に発音すれば同じに聞こえるが、「花も（低高低）」と「鼻も（低高高）」と発音すると違いが分かる。

2.9 その他のトピック

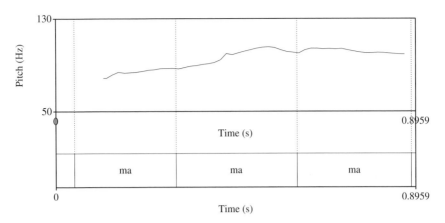

図 2.9.2-1：平板型「低高高」。

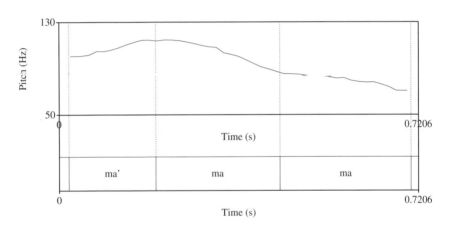

図 2.9.2-2：頭高型「高低低」。

---

(22) Larkey, L. S. (1983) Reiterant speech: an acoustic and perceptual validation. Journal of the Acoustical Society of America 73: 1337-1345.

調音音声学

●●●●● ●●●●●●●●●●●●●●●●●● 練習問題1 ●●●●●●●●●●●●●●●●●●●●

　以下の単語について、それぞれの音の高さを「高」と「低」で表しなさい。また、アクセントがある場合、そのアクセントの位置を示しなさい。また「映画」という単語は平板型と頭高型、両方で発音可能である。このように複数のアクセントパターンがある場合、それぞれのパターンを記述しなさい。ただし、アクセントの位置は個人・方言・時代によって変化するので、必ずしも「正しいアクセント」が一つだけ存在するわけではないことに留意すること。

1. 心
2. 頭
3. 燃える
4. 萌える
5. 中村
6. ヨーグルト
7. ラケット
8. うす暗い

2.9 その他のトピック

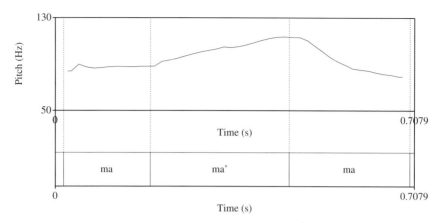

図 2.9.2-3：中高型「低高低」。

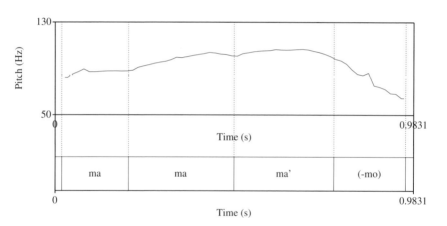

図 2.9.2-4：尾高型「低高高（低）」。

3 音響音声学

3.1 音響音声学とは何か

　音響音声学は「人間が発した音声が、空気中の圧力変化としてどのように聴者に届くか」を分析・研究する学問である。正直なところ、音響音声学は調音音声学よりも初学者へのハードルが高い。空気中の音声は「圧力変化」として伝わるものであり、これは文字通りの形では「見る」ことができない。また、空気中の「目に見えない音声の振る舞い」を理解するためには「波の振る舞い」を理解しなければならない。さらに、その波の振る舞いを理解するためには三角関数を使わなくてはならない。また、音圧レベルを表す尺度である dB は対数関数的であり、これがさらに初学者への追い打ちとなる。これらの理由から音響音声学を難しいと感じてしまう学生がいることも事実である。

　しかし、「目に見えない音声の振る舞い」は三角関数と対数関数の基礎さえ身につけていれば基本的な理解は可能であるし、実はこの音の振る舞いを可視化する「スペクトログラム」という技術も存在する。本章は前章に比べて難しいと感じるところも多いかもしれないが、分からなくなったら一度飛ばして次に進み、後で戻ってきても構わない。

　著者はいわゆる「文系」と言われる学生相手に 10 年以上音響音声学を教えてきたし、著者自身もいわゆる私立文系大学卒業者であるので、音響に関わる物理や数学を苦手と感じる文系の人の気持ちはよく理解できる。しかし、著者の実際の教育現場での経験から言うと、基礎からじっくり解説すれば、理解できるようになる学生が多い。音響の授業の履修後には自信もつき、「頑張って良かった」という声が多く聞かれる（そうでなかったら、本書を書こうとは思わなかっただろう）。文系の読者も、心配せずに読み進めてほしい。

3.1 音響音声学とは何か

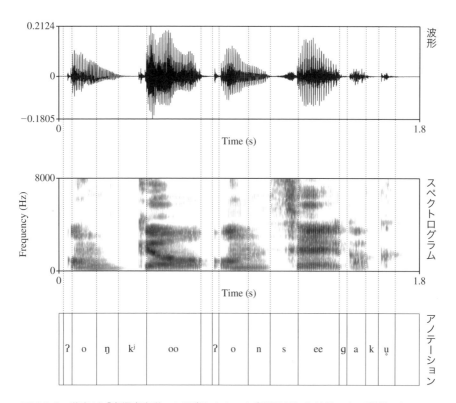

図 3.1-1：著者が「音響音声学」と発音したものを音響分析した結果。上：波形、中：スペクトログラム、下：アノテーション。なお、本章で用いるスペクトログラムは Praat というフリーソフトで描画した[1]。

---

[1] Praat オフィシャルサイト：http://www.fon.hum.uva.nl/praat/。日本語で読める解説本として「北原真冬・田嶋圭一・田中邦佳（2017）『音声学を学ぶ人のための Praat 入門』ひつじ書房」がある。著者による解説動画も Youtube で視聴できる：http://bit.ly/2DWtTtG。

音響音声学

　音響音声学を学んでいくと、色々な数式が出てくる。数式は実際に自分の手を動かして計算した方が理解が深まる。前章では練習問題を飛ばしてしまった人も、本章では練習問題を飛ばさずに自分で計算してほしい。ほとんどの場合、答えは先に進むと書いてあるが、読み急ごうとせず、実際に問題を解きつつ進もう。もちろん、解説を読んだ後に自分で計算して確かめてみるという方法も間違いではない。

　現代の音響音声学は「複雑な波である音を単純な正弦波の集合に分解するフーリエ変換」という分析が基礎となっている。おそらく、この一文だけでフーリエ変換を理解できる人は少ないだろう。フーリエ変換を比喩的に説明すると、次のようになる。数色の絵の具があるとする。これらの絵の具を別々の割合で混ぜると様々な色ができる。例えば、黄色に青を混ぜると緑ができる。同じような組み合わせでも、黄色の割合が多くなると黄緑になる。もともとある材料（色）を異なる割合で混ぜて、新しい色を作り出すのは比較的簡単である。しかし反対に、すでに複数の色が混ざっている色を見て、「もともとどんな色の絵の具が、どれくらいの割合で混ざっているか」を判断するのは難しい。フーリエ変換は、音に関してこの作業をやってのけるものである。「もともとの絵の具」はフーリエ変換における「正弦波（サイン波）」であり、フーリエ変換を行うと、すでに複数の波が混ざっている音について、「もともとどんな正弦波が、どれくらいの割合で混ざっているか」が分かる。

　では、早速、フーリエ変換の具体的な例を見てみよう。図 3.1-1 は著者が「音響音声学 [oŋkʲoo onseegaku]」と発音した音声を分析した結果である。上のパネルは、発話により周りの空気がどのように振動したかを表す「波形」を示しており、見ての通り「波」の形をしている。この波形にフーリエ変換を施して得られるものが、真ん中のパネルに表示されている「スペクトログラム」である。「スペクトログラム」は、俗に「声紋」とも呼ばれ、犯罪捜査の場で使われることもある。x 軸（横軸）は時間、y 軸（縦軸）は周波数、そして黒くなっている部分が「どの周波数帯にエネルギーが存在するか」を示している。もちろん、今の段階

でこれらが何を意味するか全て理解する必要はない。本章を読み終えれ
ば、この図の意味が分かるようになっているだろう。一番下のパネルは
波形やスペクトログラムのどの部分がどの音に対応するかを示しており、
これは「アノテーション」と呼ばれる。

　スペクトログラムがどのような計算を経て作られるかを説明しないで、
それぞれの音のスペクトログラムを暗記させるような本も世の中には存
在する。しかし、調音音声学の時と同じく、「なぜ」を理解せずに暗記だ
けをさせられるのは苦痛なので、本書では、一番基礎的なところから順々
に進め、音響分析の基礎を理解した上でスペクトログラムが読めるよう
になることを目指そう。しかし、どこまで「なぜ」を解説するかにも限
界があることは否めない。さらに深く「なぜ」を知りたい人は、第5章
にあげる書籍案内で紹介している文献に挑戦してもらいたい。

　スペクトログラムは、先に触れたように、「音を可視化する道具」であ
る。目に見えないはずの空気中の「音の振る舞い」が見えるようになり、
調音音声学で学んだ様々な特徴も、実際に目で確かめられるようになる。
例えば、図 3.1-1 の波形を見ると [oŋkʲoo] と [onseegakɯ] の前に▶のよ
うな形をした区間が入っていることから、声門閉鎖音 [ʔ] が入っている
ことが分かる。また最後の音は [ɯ̥] と示してあるが、これは [ɯ] が無声化
したことを表している。なぜ無声化していることが分かるのかというと、
母音としてのエネルギーがほとんど存在しないことがスペクトログラム
から見てとれるからである。

　音響音声学の手法を使うと、音を可視化することができるだけでなく、
音の様々な特徴が数量化でき、具体的な数字を使って分析することがで
きるようになる。音響音声学で成される計量的な分析は、音声科学の研
究に必須の技術である。

●●●●●● | 音響音声学

3.2 | 音響音声学基礎

3.2.1：三角関数基礎

　先に述べたように、フーリエ変換は「複雑な波である音を単純な正弦波の集合に分解する」分析方法である。よって、フーリエ変換を理解するにはまず、正弦波が何であるか理解することが必要である。そこで、簡単な三角関数の話から始めよう。三角関数は、その名の通り、もともとは三角形をもとに定義されていた。図3.2.1-1の直角三角形を見てほしい。

　図3.2.1-1のような直角三角形において、角度θに対するサイン（sin）、コサイン（cos）、タンジェント（tan）は、以下のように定義される：

$$sin(\theta) = a/c \qquad cos(\theta) = b/c \qquad tan(\theta) = a/b$$

　このような直角三角形にもとづいた三角関数は、測量において昔からよく使われていた。例えば $tan(45°)$ の値が経験的に分かっていれば、b の長さから a の長さを推測することができる。ピラミッドの高さの計測も三角関数を使えば簡単になる。また17世紀には、地図の作成に三角関数が非常に役立った。しかし、この三角形をもとにした定義には一つ大きな難点がある。それは、θが取りうる範囲が著しく制限されているということである。

•••••••••••••••••••••••••••••• 練習問題 1 ••••••••••••••••••••••••••••••

　図3.2.1-1でθが取りうる範囲を答えなさい。

••

　三角形の内角の和は180°であり、図3.2.1-1は直角三角形なので、すでにθの他に90°取られている。よってθが取りうる範囲は最大でも90°未満になる。つまりθが取りうる範囲は 0°＜θ＜ 90° となる。これで

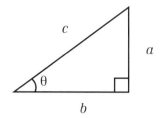

図 3.2.1-1：直角三角形と三角関数の定義。

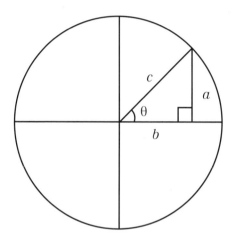

図 3.2.1-2：円による三角関数の定義。

は三角関数を使って分析できる範囲としては、少し物足りない。よって、三角関数を使って分析できる範囲を広げるために、三角関数の定義を図 3.2.1-2 のような円を使って拡張しよう。

円の中心から、円上のある一点に線を引く。その点から中心線と直角に交わるような線を下ろすと、図 3.2.1-1 と同じような直角三角形ができる。ここで、図 3.2.1-1 で用いた sin の定義をそのまま利用すると、$sin(\theta) = a/c$ となる。分数を扱うのは煩わしいので、上の円の半径 c を 1 とする（このような半径 1 の円を「単位円」と呼ぶ）。単位円を使うと、$sin = a$ と非常にすっきりする。同じように c を 1 とすると、cos も $cos = b$ という非常にすっきりとした形になる。この単位円を使った定

義によると、「sin は θ に対する円周上の高さ」「cos は θ に対する円周上の横幅」と定義し直すことができる。つまり sin も cos も「円における高さや横幅の長さ」を表しているにすぎないということになる（よって、「三角関数」と呼ばずに「円関数」と呼んだ方がイメージしやすいと思うが、単語として定着してしまっているので仕方がない）。

•••••••••••••••••••••••• 練習問題2【中級】 ••••••••••••••••••••••••

sin と cos の間には：

$$sin^2(\theta) + cos^2(\theta) = 1 \quad \cdots (1)$$

という関係が成り立つ。図 3.2.1-2 を見ながら、ピタゴラスの定理（三平方の定理）を使ってこの式を導きなさい。（1）の式が導けなくても「sin が決まると cos も決まる」、つまり「sin と cos はお互い表裏一体」であると思っておくと良い。

また、式（1）を変形すると：

$$sin\,\theta = \pm\sqrt{1 - cos^2\theta} \quad \cdots (2)$$

が得られ、sin が負の値をとることが分かる。sin が負の値をとることができるのも、図 3.2.1-2 の単位円にもとづいた定義ならではであり、図 3.2.1-1 で扱った直角三角形にもとづく定義からは得られなかったものである。

•••

図 3.2.1-2 の円の右端にライトが付いていると想像してみよう。そして、その円を回転させ、ライトの高さを時間軸にプロットすれば sin の関数が得られるし、ライトの横幅の長さをプロットすれば cos の関数が得られる。

ではθの値を0°から360°まで変化させて、sinがどのような値をとるかを考えてみよう❶。ここでも、まず自分で図3.2.1-2の円周をなぞりながら確認してみよう。θが0°の時は、sinも0°になる。θが90°の時、sinは半径の値と一緒になるので、「最大値」である1になる。θが90°を越えると、sinは次第に下がっていき、180°で0°に戻る。180°以降はマイナスに突入し、270°で「最小値」である−1になり、360°で0°に戻る。これでsinの一周期が終わる。これをグラフで表すと図3.2.1-3のようになり、波のような形になる。この波が「サイン波」、つまり「正弦波」である。

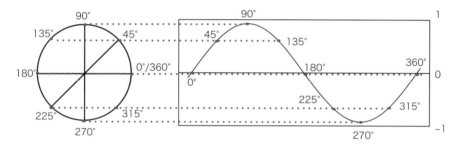

図 3.2.1-3：最も基本的な正弦波【カラー図あり】。

> ❶ πが角度になる？
> 　円の一周の角度を360°とする数学的必然性はない。おそらく、360°という数字は色々な数で割り切れるから便利だったのであろう。しかし、宇宙人が地球にやってきたら、「なぜ360°?」と思うかもしれない。そこで、角度を「弧の長さと半径の比」として定義し直すと、この定義は数学的なものであり、宇宙人でも理解できるほど客観的になる。半径の長さはr、円周の長さは$2\pi r$なので、円周の角度は$2\pi r/r = 2\pi$になる。このように、弧の長さと半径の比で角度を定義する方法を「弧度法(こどほう)」と言う。三角関数を真剣に学ぼうとすると、弧度法の定義を使った方が便利なことも多いのだが、本章では複雑さを軽減するために360°を使い続ける。ただし、他の教科書でπ=180°としていたら、このコラムを思い出してほしい。π=180°というのは、難しい話ではなく、$2\pi r/r$から来ているだけである。

音響音声学

•••••••••••••••••••••••••• 練習問題3 ••••••••••••••••••••••••••

　以下の式で表される三角関数のグラフを描きなさい。θが90°、180°、270°、360°の時にどのような値をとるかを考えてみると分かりやすい。終わったら、$f(\theta) = cos(\theta)$と$f(\theta) = sin(\theta + 90°)$を比べて、これら二つの関数の関係性を述べなさい。

$$f(\theta) = sin(\theta) \qquad \cdots \quad (3)$$

$$f(\theta) = 2sin(\theta) \qquad \cdots \quad (4)$$

$$f(\theta) = sin(\theta + 90°) \qquad \cdots \quad (5)$$

$$f(\theta) = sin(2\theta) \qquad \cdots \quad (6)$$

$$f(\theta) = cos(\theta) \qquad \cdots \quad (7)$$

3.2.2：様々な正弦波

　正弦波には、図3.2.1-3のような基本的な正弦波以外に、様々な種類がある。図3.2.2-1を見てみよう【Rスクリプトあり】。前節の練習問題3を解いた人は、答え合わせのつもりで確認してほしい。

　(a)の$f(\theta) = sin(\theta)$は、前節で解説した基本的な正弦波である。これに対して、(b)の$f(\theta) = 2sin(\theta)$になると、全体の振れ幅が大きくなる。この振れ幅は「振幅」と言い、音で言うと、この振幅が大きいほど「大きい音」として認識される。(c)の$f(\theta) = sin(\theta + 90°)$のグラフは、(a)の$f(\theta) = sin(\theta)$に比べて、左へ90°ずれた形になっており、このような状況を「初期位相が異なる」と言う。前節の練習問題3で$f(\theta) = cos(\theta)$のグラフを描いた人は、$f(\theta) = cos(\theta)$は$f(\theta) = sin(\theta + 90°)$のグラフと同じであることに気づいたかもしれない。$sin$と$cos$は非常に似ており、初期位相の違いで捉えることも可能なのである。

　そして最後に(d)を見ると、$f(\theta) = sin(\theta)$は波が一回繰り返されるのに360°かかるのに対して、$f(\theta) = sin(2\theta)$は180°で波が一回繰り返さ

れる。同じ範囲内で$f(\theta) = sin(\theta)$は波が一回繰り返されるのに対して、$f(\theta) = sin(2\theta)$は波が二回繰り返されるのが分かる。このように「一定期間に何回波が繰り返されるか」を「周波数」と呼ぶ。音で言うと、人間はこの周波数が高いほど「高い音」として認識する[2]。

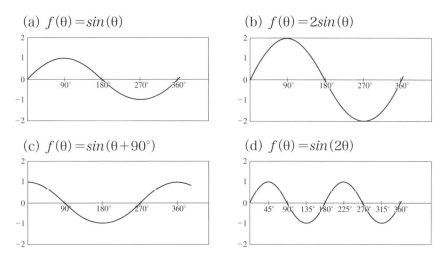

図 3.2.2-1：様々な正弦波。

[2]「周波数」と「ピッチ」

音の高さを表す単位として「ピッチ」というものを聞いたことがある人もいるかもしれない。2.9.2 節のグラフでも縦軸に「ピッチ（pitch）」が使われていた。しかし、厳密には、物理的な音の高さは「周波数」で表し、「ピッチ」というのは「どれくらい高く聞こえるか」という心理的な音の高さを指す。ただし、特に日本語音声学では、日本語のアクセントを「ピッチアクセント」と呼ぶように、「ピッチ」を物理量のように扱う研究者もいる。こと「ピッチアクセント」に関しては、物理量を「ピッチ」と呼ぶことが事実上のスタンダードになってしまっている。これはあまり良い習慣とは言えないので、日本語のアクセントに限って議論する場合以外は、「周波数」と「ピッチ」は使い分けた方が無難であろう。

色々難しいことを書いたかもしれないが、ここで理解してほしい点は、正弦波は三つの変数を持ちうるということ、そして、その三つの変数とは (1)振幅、(2)周波数、(3)初期位相である、ということである。正弦波はこの三つの変数が定まれば、形が一つに決まる。

　正弦波は形だけ見ると非常に単純だが、実は正弦波そのものだけで、もう立派な「音」である。一つの正弦波だけでできている音は「純音」と呼ばれ、音叉が発するのはこの純音である。それに対して、一つ以上の正弦波を成分に持つものは「複合音」と呼ばれる。

　続けてもう少し、波に関する基礎的な概念を学んでいこう。「周期 (T)」とは「一つの波のパターンが終わるまでの時間」を指す。そして「1 秒間に何回繰り返されるか」を「周波数 (f); frequency」と呼び、単位は Hz を使う。周期と周波数の間には、以下の関係が成り立つ：

$$f = \frac{1}{T} \qquad \cdots \ (1)$$

　例えば、$T = 25$ ms の波があるとする。1 s = 1,000 ms だから、その波の周波数は 1,000/25 で、40 Hz となる。これは「25 ms の周期を持つ波が 1,000 ms の間に 40 回繰り返される」ということである（図 3.2.2-2 参照）。

・・・・・・・・・・・・・・・・・ 練習問題 1 ・・・・・・・・・・・・・・・・・

1. 200 Hz の波の T を求めなさい。
2. $T = 25$ ms の波の f を求めなさい。
3. 100 Hz の波は 100 ms で、何回繰り返すか答えなさい。

・・・

3.2.3：疎密波を横波に変換する[2]

　さて、これまで「音とは波である」と言ってきたが、それは「空気の

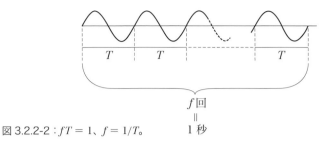

図 3.2.2-2：$fT = 1$、$f = 1/T$。

図 3.2.3-1：
疎密波としての音。

分子が、文字通り正弦波のように波を打って進む」ということではない。音声とは、「疎密波」であり、空気の分子の圧力の変化が進行方向と平行に進むので「縦波」とも呼ばれる。人間の発声によって、口の周りの空気が押された結果、そこに空気が濃くなる部分「密」ができ、それに伴って空気の薄くなる部分「疎」が生じる。この「密」と「疎」という空気の圧力変化が、空気を伝わって、最終的に聴者の耳に到達するのである（図 3.2.3-1）。

---

(2) この節の議論は http://wakariyasui.sakura.ne.jp/p/wave/hadou/yokotate.html を参考にした。非常に分かりやすい gif イメージ動画もあるので、ぜひ参照してほしい。本節の図は、ウェブサイトの管理者の許可のもと、著者が編集した上で再掲した。

音響音声学

やや複雑なので、たとえを用いてもう一度説明しよう。数人の人が手をつないで横に並んでいる状況を想像してほしい。端の人を押すと、何が起きるだろうか？　まず、一人目と二人目の幅が縮まり、次に二人目と三人目の幅が縮まる。このように幅が縮まるところに「密」の状態ができる。二人目と三人目がぶつかりそうになる頃には、一人目は元の位置に戻ろうとするため、一人目と二人目の幅は広がる❸。ここが「疎」になる。同じことが三人目以降にも起こっていくと、この「疎密」の位置がだんだん変化していき、反対の端まで伝わる。「人＝空気中の分子」と考えると、人間が音声を発する時に生じる「疎密」の状態が理解できるだろう。この「疎密」の状態が移動していく姿は、おもちゃのスリンキーを使うとよく分かる。【参考動画】があるので、ぜひ視聴してほしい。

では、疎密波を図 3.2.1-3 のような正弦波で表すにはどうしたら良いか？　ここで問題にしたいのは、空気の「圧力変化」である。言い換えると、重要なのは「もとの位置からどれだけ変化したか」という「変位」の量である。図 3.2.3-3 を見てほしい。まず初期状態から比べて、それぞれの空気の分子がどれだけ動いたかを計算する（変位量の計算方法は、図 3.2.3-3(b) のズーム画像を参照）。そして、それぞれの分子の変位量を求め、それを y 軸にプロットすれば横波として表示ができ、疎密波の変位量を 3.2.2 節で学んだ横波の正弦波として表現できる❹。

•••••••••••••••••••••••••••••• 練習問題１ ••••••••••••••••••••••••••••••

図 3.2.3-3 で示した縦波を横波に変換する作業を行いなさい。

••

3.2.4：音の強さ・大きさ…デシベルとパスカル

繰り返しになるが、フーリエ解析とは「複雑な波である音を単純な正弦波の集合に分解する」分析方法である。3.2.2 節で見た通り、正弦波には色々な種類があり、「振幅」と「周波数」によって形が異なる。よっ

3 空気がもとに戻ろうとする力

この比喩は「人間はもとの位置に戻ろうとする力を持つ」ということを仮定している。では、実際の空気はどのようにしてもとの位置に戻るのだろうか？空気には周囲の圧力をなるべく等しくしようとする性質があり、空気が圧力が高いところから低いところへ移動する力が発生するのだが、その際慣性によって塊ごと移動する。これが空気の「もとの位置に戻る力」として働く。

4 二種類の表示方法

音を波として表す場合、圧力をそのまま表示した「圧力表示」と、どれくらい変化したか示す「変位表示」がある（図 3.2.3-2）。「変位表示」は「一定時間あたりの速度」と比例するので、「体積速度表示」とも呼ばれる。いつどちらの表示方法を使うかは特に決まっておらず、教科書によって異なるが、本書では「変位表示」を使う。変位表示から圧力表示を得るためには、位相を 90°ずらせば良い（3.2.2 節）。

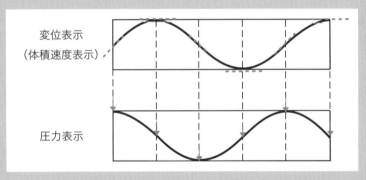

図 3.2.3-2：「変位表示」と「圧力表示」。

もう少し本質に近づいた言い方をすると、「変位表示」を微分すると「圧力表示」になる。「微分する」というのは、それぞれの地点での傾き（変化量）を求める数学的操作である。余裕がある人は、変位表示のグラフのそれぞれの地点で、傾きがどのようになっているか切片を確認してみよう。図 3.2.3-2 において、変位表示は sin 波で、圧力表示は cos 波である。他の教科書を読んでいて、3.3 節で説明する「共鳴の境界条件」に関して本書と逆の記述が出てきたら、圧力表示が使われていると考えれば良い。ただし、どちらの表示方法でも波長は同じであり、周波数を求める時に大事なのは波長なので、結局、周波数の計算結果は一緒になる。

> 音響音声学

て、フーリエ解析は「複雑な波を、振幅と周波数の異なる正弦波の集合に分解する数学的方法」と言い換えることができる。本節では、この「振幅」についてもう少し深く学ぶことにしよう。

波の大きさを表す「振幅」は、物理的な音の圧力、すなわち「音圧」を表す。音圧を物理的に定義すると、「波がどれくらいの圧力を持っているか」ということで、単位はパスカル（Pa）で表す。1 Pa は、1 平方メートルに 1 ニュートンの力をかけた時の圧力を指し、1 ニュートンは 1 キログラムの質量を持つ物体に毎秒 1 メートルの加速度を与える力として定義される。この定義を丸覚えする必要はないが、Pa が圧力の単位であることは頭の片隅に入れておこう。

Pa は物理的な定義であるのに対して、音声学では心理的な尺度に近い尺度としてデシベル（dB）を使う。dB を使って定義された尺度を「音圧レベル」と言う（「音圧」とは異なることに注意）**5**。なぜ物理的な定義を使わないのかというと、心理的な尺度は「対数的」だからである。細かい対数の定義は付録 1（3.5.1 節）で詳しく述べるとして、身近な例を使って説明すると、「対数的」というのは次のようなものと言える。例えば、「800 円のランチに 100 円のデザートを追加する」のと「8,000 円のディナーに 1,000 円のデザートを追加する」のとでは、どちらの状況の方が抵抗が少なく感じるだろうか？　きっと多くの人が、後者の方が抵抗が少ないと感じるだろう。しかし、数値だけを考えると、後者の方が 10 倍余分に払うことになり、ディナーのデザート代だけでランチが食べられてしまうほどである。比で考えた場合でも、メインとデザートの比率は 1/8 で、ランチの場合もディナーも場合も同じである。にもかかわらず、やはり「8,000 円のディナーに 1,000 円のデザート」の方が抵抗が少ないと感じる人がいるに違いない。抵抗が少ないとまでは言わずとも、「ディナーのデザートの方が 10 倍の値段なので、抵抗も 10 倍感じる」という人はあまりいないだろう。これが「対数的」な感覚の一例である。対数的な尺度では、もとの数値が小さい時は変化量が大きく感じられ、もとの数値が大きくなると変化量があまり大きく感じられ

108

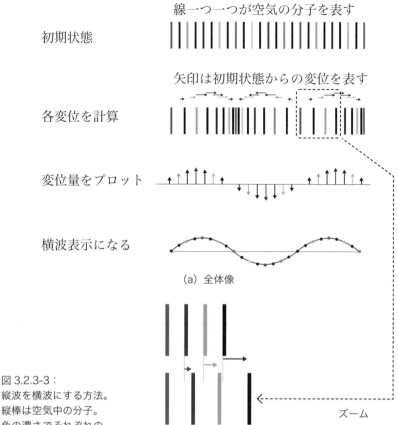

図 3.2.3-3：
縦波を横波にする方法。
縦棒は空気中の分子。
色の濃さでそれぞれの
分子を区別している。

5 音の大きさの単位のまとめ

音の大きさの単位は様々あり、日本語でも英語でも混同しやすいので整理しておこう。物理的な尺度としては振幅が用いられ、これは「音圧」または「音の強さ」と呼ばれる。振幅を対数的尺度で表して心理量を推定したものは「音圧レベル」と呼ばれ、単位は dB である。さらに、心理実験によって音の大きさの心理量を直接推定した尺度に sone（ソーン）があるが、これらは「音の大きさ」または「ラウドネス」と呼ばれる。

	単 位	呼び方	英 語
物　理	Pa	音圧、音の強さ	amplitude
推定心理	dB	音圧レベル	sound pressure level (SPL)
直接心理	sone	音の大きさ	loudness

表 3.2.4-1：音の大きさの単位のまとめ。

音響音声学

なくなる[6]。

　この音に対する心理的な感覚を捉えようとするのが dB である。厳密な定義の前に、0〜60 dB の Pa と dB の対応関係を見てみよう（図3.2.4-2）【R スクリプトあり】。y 軸の値の増え方がグラフの左の方では急激で、変化率がだんだん緩やかになっているが、これが対数関数の特徴である。つまりもともと音圧が低い音が強くなると、その変化ははっきりと感じられるが、もともと音圧が高い音は音圧が多少変化しても、その変化がはっきりとは感じられないということである。先に示したランチとディナーの例と似ているのが分かるだろうか？　対数関数では x の値が大きくなると、y の値の変化は小さくなり、x 軸とほぼ平行になる。

　では、dB の数学的な定義を見てみよう。dB は式(1)のように定義され、この式(1)によって得られた値は「音圧レベル」と呼ばれる。ある音の圧力が X Pa だったとすると、音圧レベルは X Pa に対して対数変換を施したものになる：

$$dB(X) = 10 \times \log_{10} \left(\frac{X}{20 \times 10^{-6}} \right)^2 \quad \cdots \ (1)$$

　式だけ見ると圧倒されてしまうかもしれないが、実はそこまで難しい式ではない。ある音の圧力を X Pa とした時、まずその数と 20×10^{-6}（0.00002）Pa の比を計算する。この 0.00002 Pa というのは、20 μPa のことで、「人間の耳にギリギリ聞こえる一番小さい音」である[7]。この比を 2 乗して、10 を底とした対数変換を行う。対数内の 2 乗を対数関数の外に取り出すと、かけ算に変換され、式(1)がもう少し簡単な式になる（取り出し方は付録 3.5.1 節参照）：

$$dB(X) = 2 \times 10 \times \log_{10} \frac{X}{20 \times 10^{-6}} = 20 \times \log_{10} \frac{X}{20 \times 10^{-6}} \quad \cdots \ (2)$$

　この式にもとづいて Pa から dB に変換すると、表 3.2.4-2 のようになる。Pa が 10 倍になると、dB が 20 増えるのが分かる。Pa はかけ算で

6 人間の感覚はもともと対数的？

　アマゾンに住むムンドゥルク族が使う言語には6以上の数字の語彙が存在せず、6以上の数字はそもそも数えない。彼らに、まず左端に1個の丸、右端に10個の丸が付いた一本の直線を見てもらう。次に、任意の数の丸を提示して、その線のどこに位置するか判断してもらう。すると結果としては、図3.2.4-1のように、1から2の間隔がもっとも大きく、2と3の間隔が次に大きく、3と4の間隔は小さくなり、それ以降隣り合う数の間隔はだんだん狭くなっていく。つまり、彼らは対数的に数字を並べるのである（Dehaene, S., Izard, V., Spelke, E., & Pica, P.（2008）Log or linear? Distinct intuitions of the number scale in Western and Amazonian indigene cultures. Science 320: 1217-1220）。

図 3.2.4-1：対数的な数字の並べ方。

　また同様の実験を英語圏の子どもで行うと、幼稚園児くらいまでは対数的な並べ方をするという報告もある（Siegler, R.S., & Booth, J.L.（2004）Development of numerical estimation in young children. Child Development 75: 428-444）。これらの結果は、人間の感覚が生来対数的であることを物語っている。

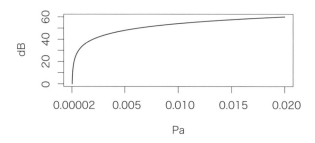

図 3.2.4-2：Pa と dB の対応図。

増えていくのに対し、対数の性質から、dB は足し算で増えていく。
　式(1)で示した dB の定義では、分母が決まっていた。しかし、実際には dB は任意の二つの音の大きさの関係を表すことができ、聞き取り実

験を行う場合、音の大きさを統制するのに使われる。音声学では、「あ」の音に「ざーー」っという雑音をかけて、「あ」の音がどの程度正確に知覚できるか調べるような実験を行うことがあるが、そのような場合、シグナル（「あ」）とノイズ（「ざーー」）の「音の強さの比率」をコントロールする必要がある。「音の強さの比率」は *Signal–to–Noise Ratio*（SNR）と呼ばれる。例えば、シグナル（S）が 0.4 Pa でノイズ（N）が 0.2 Pa で、音圧比は 2 倍であるとすると、この時 SNR の値は以下のように 6.02 となる：

$$\text{SNR} = 20 \times \log_{10} \frac{S}{N} = 20 \times \log_{10} 2 = 20 \times 0.301 = 6.02 \quad \cdots \ (3)$$

つまり、「SNR ＝ 6 dB の状況で実験した」というのは、「シグナルはノイズの 2 倍の物理的な音圧を持っていた」ということになる。6 dB 違うだけでも、物理的な音は 2 倍になっていることに注意しよう。SNR は「比率」であるが、対数尺度をもとにしているので、実際の計算は「割り算」でなく「引き算」を行う（3.5.1 節）。この点は間違えやすいので注意が必要である。

••••••••••••••••••••••••• 練習問題 1【中級】 •••••••••••••••••••••••••

SNR が −6 dB である場合、「ノイズの方がシグナルよりも 2 倍の音圧を持っている」ことを意味する。「なぜ音の大きさがマイナスになるのか」と驚かないように。ノイズの方がシグナルよりも大きいとなぜ SNR がマイナスになるのか、答えなさい。

ヒント：1/2 というのは、2^{-1} である（3.5.1 節）。log の中身の −1 乗の部分は、外に出すとかけ算（−1）に変換される。

•••

3.2 音響音声学基礎

•••••••••••••••••••• 練習問題2 ••••••••••••••••••••

以下の Pa の値を dB に変換しなさい 。

1. 0.2
2. 2×10^{-6}

•••

•••••••••••••••••••• 練習問題3 ••••••••••••••••••

SNR が 12 dB の時、S と N の Pa の関係を求めなさい。

•••

音の種類	Pa	dB
ギリギリ聞こえる音	$0.00002\ (20 \times 10^{-6})$	0
ささやき声	$0.0002\ (20 \times 10^{-5})$	20
静かなオフィス	$0.002\ (20 \times 10^{-4})$	40
日常会話	$0.02\ (20 \times 10^{-3})$	60
地下鉄の車内	$0.2\ (20 \times 10^{-2})$	80
電車のガード下	$2\ (20 \times 10^{-1})$	100
雷	$20\ (20 \times 10^{0})$	120
ジェットエンジンの近く	$200\ (20 \times 10^{1})$	140

表 3.2.4-2：Pa と dB の対応表。

▇ 周波数によっても音の大きさは聞こえ方が違う

　もう少し厳密に言うと、20 µPa とは「1,000 Hz 付近の周波数でギリギリ聞こえる音圧」である。人間の耳は周波数によって「音の大きさ」の聞こえ方が違う。20 Hz 以下の極端に低い周波数の音は聞こえず、20,000 Hz 以上の極端に高い周波数の音も聞こえない（4.2 節も参照）。これは、人間の耳が音声コミュニケーションに重要な部分の周波数が聞こえやすいようになっているためである。それぞれの周波数の音がどのくらいの圧力レベルで同じような大きさの音に聞こえるかは、「等ラウドネス曲線」として国際規格が定められている。https://www.iso.org/standard/34222.html。

3.2.5：波を重ねる・分解する…スペクトル

では次に、「波を分解する」とはどういうことなのか、考えてみよう。絵の具の例で考えたように、音を足し算するのは簡単である。図3.2.5-1を見てほしい【追加資料あり】。パネル(a)は50 Hzの波、パネル(b)は100 Hzの波を表しており、x軸は時間、y軸は振幅をPaで表している。この二つの波を足すと、(c)のような波になる。この足し算は単純で、全ての地点において、二つの波の高さを足せば良い。波がお互い同じ方向を向いていれば増幅し、反対の方向を向いていれば打ち消し合う。これは「波の重ね合わせの原理」と呼ばれる【参考動画あり】。これに対して(c)のような合成波が与えられた時に、それを(a)と(b)の波に分解するのが「フーリエ変換」である。

図3.2.5-1の例では、(a)と(b)の2種類の波しかなく、それぞれの強さも同じである。しかし、フーリエ変換では分解される波の数や強さに制約はない。図3.2.5-2はもう少し複雑な波の足し算の例である【追加資料あり】。

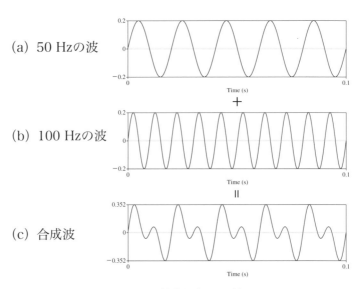

図3.2.5-1：簡単な波の足し算。

•••••••••••••••••••••• 練習問題 1 ••••••••••••••••••••••

　参考ウェブサイトでは、Praat を使って好きな正弦波を足し合わせるスクリプトを公開している。色々な正弦波を混ぜて、その結果どのように音が変わるか確認しなさい。

••

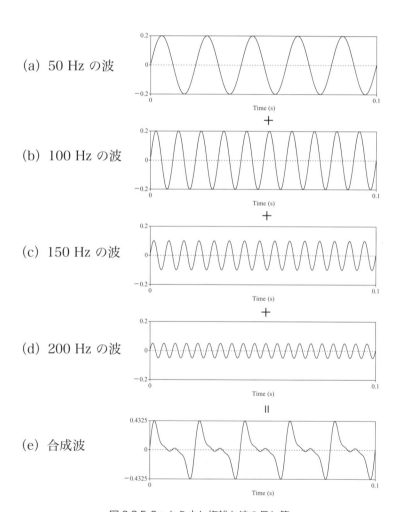

図 3.2.5-2：もう少し複雑な波の足し算。

音響音声学

　フーリエ変換の仕組みの説明は、複素平面や微分積分などの理解なしでは難しいので、本書ではその数学的細部までは立ち入らない[3]。フーリエ変換の数学的細部を理解しているに越したことはないが、入門書である本書では、フーリエ変換の基本的概念を理解していれば良しとしよう❽。フーリエ変換のすごいところは、「どんな波であっても周期的であれば、正弦波の集合で表すことができる」という点である。このすごさは、「矩形波(くけい)」と「のこぎり波」と呼ばれる極端な波を例に考えてみるとよく分かる（図3.2.5-3）。これらの波は角張っていて、丸みを帯びた正弦波で表すことなど一見不可能に思えるかもしれない。しかし、どちらの波も数学的に簡単な正弦波の集合で表すことができる。

　「矩形波」にフーリエ変換を施すと、(1)が得られる：

$$sin(\theta) + \frac{1}{3}sin(3\theta) + \frac{1}{5}sin(5\theta) + \frac{1}{7}sin(7\theta) + \frac{1}{9}sin(9\theta)\cdots \quad (1)$$

$$\sum_{k=1}^{\infty} \frac{1}{2k-1}sin((2k-1)\theta) \quad (2)$$

(2)は(1)をすっきりとした形で書いたものである。

　「のこぎり波」はフーリエ変換すると(3)のような正弦波に分解される。

$$sin(\theta) + \frac{1}{2}sin(2\theta) + \frac{1}{3}sin(3\theta) + \frac{1}{4}sin(4\theta) + \frac{1}{5}sin(5\theta)\cdots \quad (3)$$

$$\sum_{k=1}^{\infty} \frac{1}{k}sin(k\theta) \quad (4)$$

　数式だけを見てもピンと来ないかもしれないので、図3.2.5-4に式(2)が少しずつ矩形波に近づく様子を示そう。図3.2.5-4(a)は$sin(\theta) + 1/3$ $sin(3\theta) + 1/5\ sin(5\theta)$の波であるが、もともと丸みを帯びた正弦波がすでに「四角み」を帯び始めている。図3.2.5-4(b)は(4)の式を$k = 100$まで計算したもの、つまり100個の正弦波を足したものであるが、矩形波の形にかなり近づいてきている。このkを無限まで近づけていくと、矩

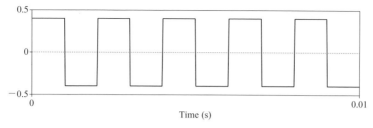

（a）矩形波

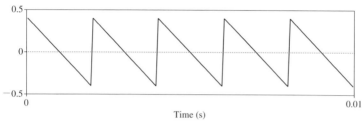

（b）のこぎり波

図 3.2.5-3：矩形波とのこぎり波。

8 フーリエ変換が全て？

　フーリエ変換が現在の音声学において主流の分析方法であるのは間違いないが、フーリエ変換が全てではないことも頭の片隅に入れておいた方が良い。例えば、近年では離散コサイン変換やウェーブレット関数を使った解析も行われている。また、アプローチとしては全く違うものの、ディープラーニングによる、「複合音を構成成分に分解することなく認識する技術」の開発も進んできている。

---

(3) フーリエ変換の数学的細部まで学びたい人には「トランスナショナル カレッジ オブ レックス（編）『フーリエの冒険』(2013) 言語交流研究所ヒッポファミリー」をすすめる。

音響音声学

形波が得られる。図3.2.5-5も同様に、正弦波の和がのこぎり波に近づく様子を示している。(a)は$sin(\theta) + 1/2sin(2\theta) + 1/3sin(3\theta)$、(b)は(4)の式を$k = 100$まで計算したものである。このように、フーリエ変換を使うと、矩形波やのこぎり波のような形の波まで正弦波の集合に分解することができる [9]。参考ウェブサイトに、(2)や(4)の式を使って矩形波やのこぎり波を作ることができるスクリプトを用意してあるので、フーリエ変換の理解に役立ててほしい【参考スクリプトあり】。

　さて、フーリエ変換をしたら、その結果を書き留めておきたい。この書き留め方には慣習があり、書き留めたものは「スペクトル」と呼ばれる（まだ「スペクトログラム」ではないことに注意！）。図3.2.5-6のように、スペクトルではx軸に周波数、y軸に振幅をとって、その波に入っている成分を描く。例えば、図3.2.5-1(c)の合成波には、50 Hzの波と100 Hzの波が同じ強さ（0.2 Pa、80 dB）で入っているので、それぞれの波が同じ強さで入っていることを図3.2.5-6のスペクトルは示している。通常、スペクトルのy軸は、dBで表す。同じように図3.2.5-7は図3.2.5-2(e)のスペクトルを表している。図3.2.5-7のスペクトルを見ると、図3.2.5-2(e)の中にどのような正弦波がどれくらいの強さで入っているかが分かる。この場合、具体的に言うと、50 Hzと100 Hzの正弦波が80 dB、150 Hzの正弦波が74 dB、200 Hzの正弦波が68 dB入っていることが分かる。スペクトルとは「合成波の中にどのような正弦波がどれだけ入っているかを示すレシピ」と考えても良い。

[9] フーリエ変換を体験する

　フーリエ変換を実体験するには、http://eman-physics.net/web_app/fourier/fourier.html で公開されているウェブアプリがとても役に立つ。このアプリではマウスを使って自分で好きな波形を書くと、その波形をフーリエ変換してくれる。また、その波形の成分の正弦波を一つ一つ加えていくことで、もとの波形に近づく様子を観察することもできる。

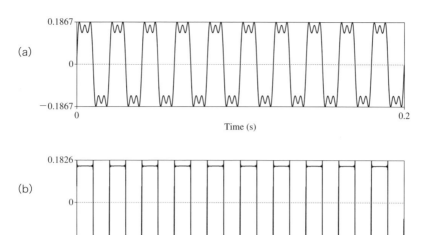

図 3.2.5-4：正弦波から矩形波へ。

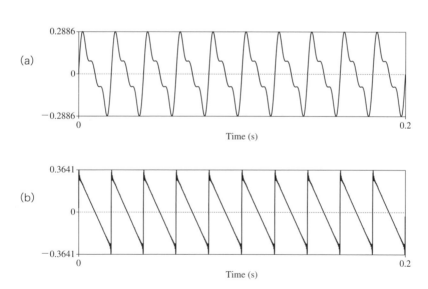

図 3.2.5-5：正弦波からのこぎり波へ。

音響音声学

•••••••••••••••••••••••••• 練習問題2【中級】 ••••••••••••••••••••••••

　P.116の式(1)から(4)を参考にして、矩形波とのこぎり波の概略的な
スペクトルを描きなさい。具体的なdBやHzの値は気にせずに、大ま
かな形を描けばよい。

••

•••••••••••••••••••••••••• 練習問題3【中級】 ••••••••••••••••••••••••

　全ての周波数帯のエネルギーがランダムに含まれている音を「ホワイ
トノイズ」と言い、周波数と音圧レベルが反比例するスペクトルを持つ
音を「ピンクノイズ」と言う。これらのノイズの概略的なスペクトルを
描きなさい。

••

3.2.6：スペクトルからスペクトログラムへ

　人間が発話する際、もし同じ音だけを出し続けているのであれば、ス
ペクトルだけでその音の音響分析を行うことができる。例えば、ずっと
「あああああ」と発音していれば、スペクトルは基本的に大きく変化し
ない。しかし、人間の音声コミュニケーションでは色々な音が使われる
ことは調音音声学の章で見てきた通りである。つまり、実際の人間音声
のスペクトルは刻一刻と変化する。よって、音響分析ではそのスペクト
ルの変化を時間軸上に記録することが必要となる。ただし、スペクトル
はすでにx軸（周波数）とy軸（振幅）を使っているため、二次元のグ
ラフに時間軸を追加するのは不可能である。そこでスペクトルに時間情
報を加える方法の一つに、三次元のグラフを使うというものがある。図
3.2.6-1は、スペクトルの時間軸変化をz軸にとった例で、「スペクトル
の滝」とも呼ばれる。

3.2 音響音声学基礎

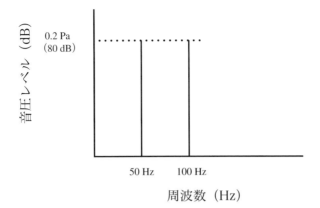

図 3.2.5-6：図 3.2.5-1(c) の波のスペクトル。

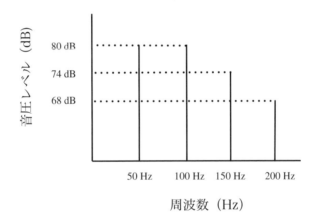

図 3.2.5-7：図 3.2.5-2(e) の波のスペクトル。

音響音声学

　この「スペクトルの滝」を見ると、時間とともにスペクトルがどのように変化するかは分かるが、この表示方法だと少し見辛い。そこで、x軸に時間、y軸に周波数、そして振幅を色の濃さで示し、全ての情報を一つの図に表したのが「スペクトログラム」である❿。

　「おい [oi]」という母音の連続を例にとって、この「スペクトル」と「スペクトログラム」の関係を、さらに深く見てみよう。[o] と [i] の母音は音響的に非常に異なった性質を持っている。図 3.2.6-2 の上のパネルは三つのスペクトルを表しているが、それぞれ左から [o] のスペクトル、[o → i] に変化する部分のスペクトル、[i] のスペクトルに対応している。

　[o] と [i] を比べると、スペクトルの形がだいぶ異なる。また [o → i] 地点のスペクトルは、[o] と [i] の中間の形をしている。F2 と書かれたスペクトルの二番目のピークに注目すると、[o] から [i] へのスペクトルの変化が見やすいだろう（F2 は「第二フォルマント」の略で、3.3.1 節で解説する）。このようにスペクトルの時間軸上の変化を表したのが、スペクトログラムである。スペクトログラムにおいて黒くなっている部分が、それぞれのスペクトルのピークに対応していることを確認しておこう。

●●●●●●●●●●●●●●●●●●●●●●●●● 練習問題 1 ●●●●●●●●●●●●●●●●●●●●●●●●●

　「スペクトル」と「スペクトログラム」の違いを、「時間」という単語を用い、説明しなさい。

●●●

> **❿ この二つの関係をしっかり理解しよう**
> 　スペクトログラムの背後にはスペクトルがあることを理解しておくことは非常に重要である。なぜかと言うと、音声学の専門家でも、この二つを混同している場合があるからである。スペクトログラムがどのように計算されているかを理解せず、読み方だけを暗記してしまうとそのようなことになる。

122

3.2 音響音声学基礎

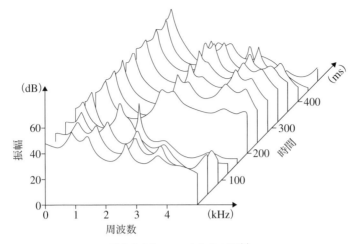

図 3.2.6-1：スペクトルの滝 (4)。

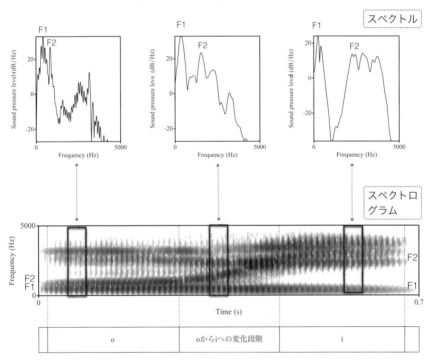

図 3.2.6-2：スペクトルとスペクトログラムの関係。

(4) Reetz, H., & Jongman A. (2008) Phonetics. Oxford: Blackwell-Wiley より許可を得て転載（Figure 8.20）。

音響音声学

3.3 共 鳴

3.3.1：ソース・フィルターモデル

　さて、いよいよ人間の音声の音響の仕組みを理解する準備が整った。では、「あああいいい」と続けて発音してみよう。「あ」と言っている時も「い」と言っている時も、声帯は同じ震え方をする。声帯は同じように震えているのに、なぜ口からは違う音が出てくるのであろうか？　よく考えてみると不思議なことである。「あ」と「い」は何が違うのか。もちろん 2.6.1 節で紹介したように、調音的に舌の位置や口腔の開きの度合いが違うのだが、これは音響的にはどう考えたら良いのだろうか？　人間の音声の音響的仕組みは、音源（声帯）で作られる音が、口腔というフィルターを通り、特定の周波数の音が強く出力されることに特徴付けられる（図 3.3.1-1）。このフィルターは口腔の形によって異なるため、音源は同一であっても出力が異なるのである。音響的仕組みを、このように説明する理論を「ソース・フィルターモデル」と呼ぶ[11]。

　ソース・フィルターモデルをもう少し詳しく見てみると、音源の音（図 3.3.1-1(a)）は色々な周波数を持った合成波である。この合成波は特徴的な形をしており、一番低い音は、その発音において声帯が一秒間に何回振動するかで決まる。この一番低い音の高さは「基本周波数（f0）」と呼ばれ、その他の波は基本周波数の整数倍の周波数を持っている。整数倍の周波数は「倍音」と呼ばれ、例えば 100 Hz の声（基本周波数 100 Hz）で発話している時は、その倍音は 200 Hz、300 Hz、400 Hz…となる[12]。また、人間の声帯が発する音声は、一般的に、周波数が高くなれば高くなるほど、その振幅は下がり、右下がりのスペクトルになる傾向がある。

　声帯で作られる音が、口腔というフィルター（図 3.3.1-1(b)）を通ると、出力が得られる。出力の形を見ると、フィルターによって作られたピークが存在する。これらのピークは「フォルマント」と呼ばれ、周波数の低い方からそれぞれ「第一フォルマント（F1）」「第二フォルマント

(F2)」「第三フォルマント（F3）」…と呼ばれる。第三フォルマントより高次のフォルマントも存在するが、言語音の区別に関わるフォルマントとしては、基本的に第三フォルマントまでおさえておけば良い。

まとめると、母音が変わると、口腔の形（フィルターの形）が変わり、フォルマントの構造も変化する。色々なフィルターを使うことによって、

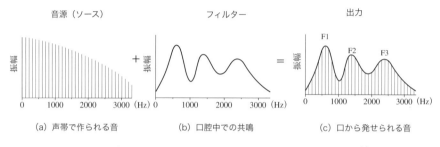

(a) 声帯で作られる音　　(b) 口腔中での共鳴　　(c) 口から発せられる音

図 3.3.1-1：音源とフィルターの関係。ソース・フィルターモデル[5]。

11 ソース・フィルターモデルを体感してみる

上智大学の荒井隆行先生が、このソース・フィルターモデルを体感できるチューブを開発している。デモ動画がたくさんオンライン上で閲覧できるので、参考にしてほしい。http://www.splab.net。

12 ソース・フィルターとソプラノ声

一般的な発話では、基本周波数が高くても 400 Hz までに収まるため、人間の音声の倍音は多数存在する。しかし、オペラ歌手やソプラノ歌手が歌う時には、基本周波数が 800 Hz を越えることがあるため、倍音構造は非常に希薄になる。その場合、別々の母音によるフィルターを通しても、出力としては結局同じものになり、母音同士の区別がつきにくくなる【参考音声あり】（遠藤希美・川原繁人・皆川泰代（2017）「声楽的発声における母音知覚─基本周波数および声楽経験の影響─」『音声研究』21(2): 25-37）。

---

[5] Bergmann, A., Hall, K-C., & Ross, S. R. (2007) Language File 10 (Ohio State University, Department of Linguistics) を参考に新たに描画したもの (p.73)。ソース・フィルターモデルの古典は Fant, G. (1960) Acoustic theory of speech production. Berlin: Mouton。

人間は同じ音源を使って、色々な母音を発音することができるのである。

3.3.2：周波数を求めるために… $f = c/\lambda$

　では、フィルターの形はどのように決まるのだろうか？　これは言い換えると、「ある空間の中でどのような周波数の音が共鳴するか（強められるか）」という問題である。音がある空間を通る時、ある音は強められ、ある音は弱められる。同じことが人間が音声を発声する時にも起こる。問題は、「どのような空間を通るとどのような周波数の音が強められるか」である。本節では、どのような周波数の音が強められるかが計算できる「魔法の式」を紹介しよう。

　波の特徴の一つに「波長」というものがある。波長は「波が一回繰り返される間に進む距離」のことで、$\overset{\text{ラムダ}}{\lambda}$ で表す。これに周波数をかけると速度 v になる。「一般的な速度」を表す時には v の記号を用いるのだが、「音の速度（音速）」を表す時には c の記号を使う。よって、以下の式が成り立つ：

$$c = f\lambda \qquad \cdots \text{(1)}$$

　例えば、歩幅が 20 cm の太郎くんが、1秒間に5歩歩いたらどれだけの速さで移動していることになるだろうか？　答えは秒速 100 cm/s となる。歩幅にあたるのが λ で、歩数にあたるのが周波数 f であるから、$c = f\lambda$ が成り立つ。この関係をイメージ化すると、図3.3.2-1 のようになる。

　音響音声学では、ある音の周波数（f）を求めることが最終目的になることが多いので、式(1)を変形して：

$$f = \frac{c}{\lambda} \qquad \cdots \text{(2)}$$

の形にしておくと便利である。空気中の音速とは大体 35,000 cm/s であ

る[13]（この速さは「マッハ」という単位で呼ばれることもある）。つまり、$c = 35{,}000$ cm/sは分かっているので、あとは、λさえ計算できれば、周波数fが求められるということになる。結局、「周波数を求めるということは波長λを求めること」と言っても過言ではない。このように簡単に周波数を導くことができるので、著者は式(2)を「魔法の式」と呼んでいるのが、これは一般的な用語ではない。

ちなみに、$f = c/\lambda$を理解すると、なぜヘリウムガスを吸うと声が変になってしまうのかも理解できる。ヘリウムガスが音を通す速さは、空気が音を通す速さのおよそ3倍である。つまりcの値が3倍になるということである。ヘリウムガスを吸う前と吸った後で、調音の仕方や声道の長さは大きく変わらないとし、波長λは一定であると考えると、結果として周波数fも3倍になってしまう。よって、ヘリウムガスを吸うと周波数が高くなり、おかしな声になってしまうのである。

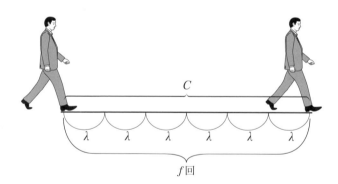

図 3.3.2-1：$c = f\lambda$。3.2.2 節の式 $f = 1/T$ は時間に関する関係式であるが、こちらは距離に関する関係式であることに注意。

> **[13] 温度で音速は異なる**
> 本文で述べた 35,000 cm/s というのは、温度が約 30℃の場合を想定している。正確に言うと、音速は摂氏 0℃で 33,150 cm/s、1℃上がるごとに 60 cm/s 速くなる。35,000 cm/s を用いるのは、3.3.3 節以降で行う計算で、この値を使うと割り算が楽になるからであり、30℃という温度そのものはあまり重要ではない。

音響音声学

●●●●●

●●●●●●●●●●●●●●●●●●●●●● 練習問題 1 ●●●●●●●●●●●●●●●●●●●●●●

1. 次郎くんは歩幅が 25 cm で、1 秒に 4 歩歩く。次郎くんの秒速を求めなさい。

2. 秒速 120 cm/s で歩く三郎くんの歩幅は 40 cm である。三郎くんの 1 秒あたりの歩数を求めなさい。

3. 次郎くんは遅刻しそうなので、秒速 200 cm/s で歩くことにしたが、歩幅は変えられない。彼の歩数が毎秒何歩になるか答えなさい。

●●

3.3.3：一管モデル…境界条件と第一共鳴

前節で述べたように、「周波数を求めるということは波長 λ を求めること」であり、波長は「音が通る空間の長さ」から決まる。そこで、波長を求めるために、実際には曲がっている声道をまっすぐに引き伸ばし、声道を非常に簡略化して一つの管とみなすと、図3.3.3-1のようになる。右側の閉じているところは「閉口端」、左側の開いているところは「開口端」と呼ばれる。これは右側は声帯に対応し、音を発する時には声帯が閉じていることを表しており、左側は唇で、唇が開いていることを表している。

では、この管の中で共鳴する（強められる）のはどのような波なのだろうか？　答えから言うと、(1)開口端において、変位が最大値または最小値をとり、(2)閉口端において変位が 0 になる正弦波である。強められる波が満たすべきこれらの条件は「境界条件」と呼ばれる。「開口端においては空気が自由に動けるので、その変化は最大（最小）になり」、逆に「閉口端においては空気が固定されているので、変化が 0 になる」と考えれば理解しやすいだろう。

図3.3.3-1の管において境界条件を満たすような正弦波には、図3.3.3-2のようなものがある。この正弦波の波長 λ さえ計算できれば、魔法の式

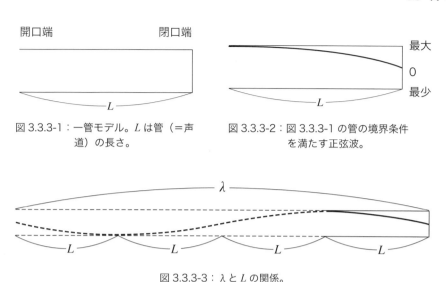

図 3.3.3-1：一管モデル。L は管（＝声道）の長さ。

図 3.3.3-2：図 3.3.3-1 の管の境界条件を満たす正弦波。

図 3.3.3-3：λ と L の関係。

を使って f が求められる。

•••••••••••••••••••• 練習問題 1 ••••••••••••••••••••

図 3.3.3-2 における、λ と L の関係を求めなさい。必要であれば、3.2.1 節の三角関数の解説を読み直すこと。

••

正弦波は、(1) 0 から最大値に変化し、(2) 最大値から 0 に戻り、(3) 0 から最小値に変化し、(4) 最小値から 0 に戻る。つまり正弦波は四つの段階によって構成される。図 3.3.3-2 の正弦波は、「(1) 0 から最大値に変化する段階」のみが L に対応しており、λ の 4 分の 1 が L に対応していることが分かる。逆に言えば、この正弦波の λ は L の 4 倍になる。図 3.3.3-3 は図 3.3.3-2 の正弦波が波一回分を全部繰り返したらどうなるかを示したものである。$\lambda = 4L$ となるのが分かるだろうか？

ここまで分かれば、この正弦波の周波数は魔法の式を使って簡単に求めることができる：

音響音声学

$$f = \frac{c}{\lambda} = \frac{c}{4L} \qquad \cdots (1)$$

c は音速であるから 35,000 cm/s、L は声道の長さである。一般成人男性の声道の長さは約 17.5 cm なので、これらの値を使って計算すると：

$$f = \frac{35,000}{4 \times 17.5} = 500 \text{ Hz} \qquad \cdots (2)$$

この計算から、図 3.3.3-2 の正弦波の周波数は 500 Hz であることが分かる。もちろん音速は温度に影響を受けるし（コラム⓭）、L の長さは話者によって異なるので、全ての話者の口腔で常に 500 Hz の正弦波が共鳴するわけではない。500 Hz は、あくまで近似の値である。そうだとしても、共鳴の値が基本的に割り算だけで求められるというのは興味深いことではないだろうか。

•••••••••••••••••••••••••••• 練習問題2 ••••••••••••••••••••••••••••

空のペットボトルに水を入れて息を吹き込むと、音がする。これを水の量を変えて行うと、ペットボトルに入っている水の量と鳴る音の高さの間には、どのような関係が成り立つだろうか。シャワーを使って空のペットボトルに水を入れ、聞こえてくる音の高さの変化を聞いてみても良い【参考動画あり】。音の高さと水の量にどのような関係が成り立つか、理由も含め答えなさい。

•••

3.3.4：一管モデル…その他の共鳴

図 3.3.3-1 の管の中で共鳴する正弦波は、図 3.3.3-2 で示したものだけではない。ほかにも境界条件を満たす正弦波が存在するので、その中でも重要な二つの正弦波を練習問題を通して見ていこう。

●●●●●●●●●●●●●●●●●●●●●●●●● 練習問題1 ●●●●●●●●●●●●●●●●●●●●●●●●●

　図3.3.3-2のほかに、図3.3.3-1の管において境界条件を満たす正弦波を描きなさい。また、その正弦波の波長と周波数を求めなさい。

●●●

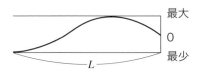

図3.3.4-1：管の中の第二共鳴。

　図3.3.4-1の正弦波は境界条件を満たす。ではこの正弦波の波長 λ_2 を求めてみよう。λ に下付きの2の数字が入っているのは、図3.3.3-2の正弦波と区別するためである。

　この正弦波では、正弦波の四段階のうち三つ（0から最大、最大から0、0から最小）が L の中に収まっている。つまり λ_2 の4分の3が L に対応する（$3/4\lambda_2 = L$）。よって $\lambda_2 = 4/3 L$ となり、f_2 は以下のように計算できる：

$$f_2 = \frac{35{,}000}{\frac{4}{3} \times 17.5} = 1{,}500 \text{ Hz} \quad \cdots (1)$$

この周波数を持つ波もまた、図3.3.3-1の管の中で共鳴する。

●●●●●●●●●●●●●●●●●●●●●●●●● 練習問題2 ●●●●●●●●●●●●●●●●●●●●●●●●●

　図3.3.3-1の管において境界条件を満たすもう一つの正弦波を描きなさい。また、その正弦波の波長と周波数を求めなさい。

●●●

図 3.3.3-1 の管において境界条件を満たすもう一つの波は、図 3.3.4-2 の正弦波である。この正弦波の λ_3 を求めてみよう。

この波では λ_3 が L よりも短い。正弦波の 4 段階が全て L の中に収まっており、さらにもう 1 段階が L の中に入っている。つまり、$5/4\lambda_3 = L$ が成り立つ。よって、$\lambda_3 = 4/5L$ となり、この正弦波の周波数は以下のように計算できる：

$$f_3 = \frac{35,000}{\frac{4}{5} \times 17.5} = 2,500 \text{ Hz} \quad \cdots (2)$$

一管モデルでは、これらの第一共鳴、第二共鳴、第三共鳴が、第一フォルマント、第二フォルマント、第三フォルマントにそのまま対応する。

最後に、一管モデルにおける共鳴周波数の波長 λ と管の長さ L の関係を整理しよう。λ_1 は $4L$ なので、これは $4/1L$ と書き換えられる。λ_1、λ_2、λ_3 と L の関係を見ると、$\frac{4}{1}$、$\frac{4}{3}$、$\frac{4}{5}$ となり、分子は常に 4 で、分母は奇数の数列（1, 3, 5）をなしていることが分かる。よって、以下のように n を使って一般化することが可能になる：

$$\lambda_n = L \times \frac{4}{2_n - 1} \quad \cdots (3)\,(n = 1, 2, 3\ldots)$$

魔法の式に（3）を代入すると、以下の式が得られる：

$$f_n = \frac{c}{L \times \frac{4}{2_n - 1}} \quad \cdots (4)\,(n = 1, 2, 3\ldots)$$

式(4)を用いると、第何フォルマントでも簡単に計算ができる【R スクリプトあり】。

実は、この一管モデルは英語の強勢（ストレス）のない母音（曖昧母音、シュワ）の音響を非常によく表している（詳細は 3.4.10 節）。シュワでは口腔が舌であまり狭められないため、一管モデルでの近似が非常に有効なのである。シュワのフォルマントは 500 Hz、1,500 Hz、2,500

3.3 共鳴

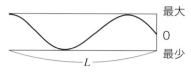

図 3.3.4-2：管の中の第三共鳴。

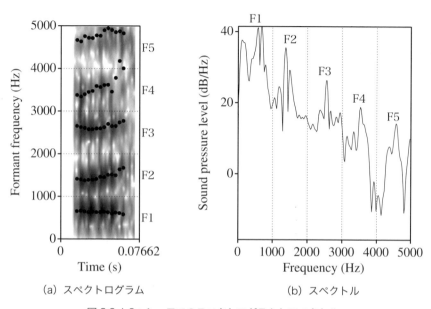

(a) スペクトログラム　　(b) スペクトル

図 3.3.4-3：シュワでのスペクトログラムとスペクトル。

Hz 近辺に位置する。実際に、この計算結果と実際の発音を比べてみよう。図 3.3.4-3 は英語話者のシュワの発音のスペクトログラムとスペクトルを示している。どちらを見ても、フォルマントのピークが 500 Hz、1,500 Hz、2,500 Hz 近辺に分布していることが分かる。

•••••••••••••••••••••••••••• 練習問題 3 ••••••••••••••••••••••••••••

　式 (4) を用いて、第四フォルマントと第五フォルマントの値を計算しなさい。また、その得られた値が、図 3.3.4-3 の実際の第四フォルマントと第五フォルマントの位置と合致するか、確かめなさい。ただし、このようにフォルマントの数に上限はないが、音声学的に重要になるのは

133

音響音声学

基本的には第三フォルマントまでである。

・・・・・・・・・・・・・・・・・・・・・・・・・・・・・・・・ 練習問題4 ・・・・・・・・・・・・・・・・・・・・・・・・・・・・・・

　一管モデルにおける第一共鳴、第二共鳴、第三共鳴の周波数を自分で計算しなさい。式(4)を用いずに、共鳴する正弦波の形を描き、波長と周波数を導くこと。

・・

3.3.5：二管モデル

　次に、二管モデルを見てみよう。例えば母音の「あ [a]」は、声道の奥で狭めが起こるので、その声道の形は図 3.3.5-1 のような二つの管の組み合わせで近似することができる。

　まず、後ろ（右側）の管を考えると、これは図 3.3.3-1 で示した管と同じく、左側が開口端で、右側が閉口端である。前（左側）の管も、左端に比べて右端が相対的に閉じているので、こちらも左側を開口端、右側を閉口端とみなすことができる。

・・・・・・・・・・・・・・・・・・・・・・・・・・・・・・・・ 練習問題1 ・・・・・・・・・・・・・・・・・・・・・・・・・・・・・・

　前の管の長さ（$L_{f(\text{ront})}$）を 11 cm、後ろの管の長さ（$L_{b(\text{ack})}$）を 6.5 cm として、それぞれの管における第一共鳴、第二共鳴、第三共鳴を計算しなさい。計算機を使っても構わない【R スクリプトあり】。

・・

　表 3.3.5-1 は前の管と後ろの管、それぞれの第一、第二、第三共鳴の計算結果を示している。

　「あ」全体の共鳴は、前後それぞれの管の共鳴を合わせて総合的に見れ

3.3 共鳴

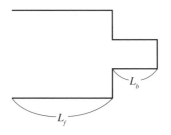

図 3.3.5-1：二管モデル。

$$f_{1f} = \frac{35{,}000}{4 \times 11} = 795 \text{ Hz} \qquad f_{1b} = \frac{35{,}000}{4 \times 6.5} = 1{,}346 \text{ Hz}$$

$$f_{2f} = \frac{35{,}000}{\frac{4}{3} \times 11} = 2{,}386 \text{ Hz} \qquad f_{2b} = \frac{35{,}000}{\frac{4}{3} \times 6.5} = 4{,}038 \text{ Hz}$$

$$f_{3f} = \frac{35{,}000}{\frac{4}{5} \times 11} = 3{,}977 \text{ Hz} \qquad f_{3b} = \frac{35{,}000}{\frac{4}{5} \times 6.5} = 6{,}731 \text{ Hz}$$

(a) 前の管の共鳴　　　　　　　　(b) 後ろの管の共鳴

表 3.3.5-1：前の管と後ろの管それぞれの第一、第二、第三共鳴。

ば良い。よって、「あ」の第一フォルマントは 795 Hz（前の管の第一共鳴）、第二フォルマントは 1,346 Hz（後ろの管の第一共鳴）、第三フォルマントは 2,386 Hz（前の管の第二共鳴）…となる。

　このように、二管モデルでは、前の管の共鳴と後ろの管の共鳴をそれぞれ計算すれば、全体のフォルマントの値が得られる。図 3.3.5-2 は、二つの管が存在した時に、前の管と後ろの管でそれぞれどのような音が共鳴するか、第三共鳴まで示している。前の管と後ろの管の長さの全ての組み合わせについて違った値で計算するのは大変なので、ここはプログラムを書いて自動で計算した【R スクリプトあり】。前の管と後ろの管の長さの合計は 17.5 cm で固定し、x 軸は前の管の長さを表している。細線で表してあるのが前の管で共鳴する周波数の値、太線で表しているの

が後ろの管で共鳴する周波数の値である。この図を参照することで、二管モデルでは、前の管の長ささえ分かれば、全体としてどのような共鳴が起きるのか分かる。

•••••••••••••••••••••••••••• 練習問題2 ••••••••••••••••••••••••••••

　図3.3.5-2において11 cm地点の第一フォルマント、第二フォルマント、第三フォルマントの値を確認しなさい。また、表3.3.5-1の計算結果と一致しているか、確かめなさい。

••

　二管モデルは、実際には口腔の奥で狭めが起きる「あ」のような母音の近似にしか役立たない。しかし、次の三管モデルに進む前に、図3.3.5-2の読み方を理解しておくことは非常に重要である。

3.3.6：三管モデル

　これまで、一管モデルと二管モデルを使って母音の音響を分析してきた。しかし、多くの母音は狭めが口腔の真ん中に来るため、図3.3.6-1のような三つの管を想定する必要がある。

　前の管は、一管モデル・二管モデルと同様、左側が開口端、右が閉口端である。これに対して三管モデルの後ろの管は、両端が閉口端になる。両端が閉じていると、3.3.3節で述べた境界条件から、図3.3.6-2のように両端が0になる正弦波が共鳴する。「閉口端で変位が0になる」ことが境界条件であることを思い出してほしい。

•••••••••••••••••••••••••••• 練習問題1 ••••••••••••••••••••••••••••

　図3.3.6-2で共鳴する正弦波の周波数はどのように一般化できるか、nを使って考えなさい。

••

3.3 共鳴

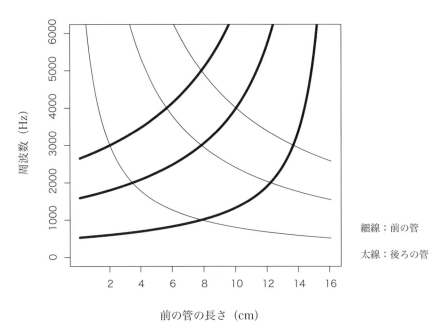

細線：前の管

太線：後ろの管

図 3.3.5-2：二管モデルの共鳴パターン。前の管の共鳴（細線）。後ろの管の共鳴（太線）。

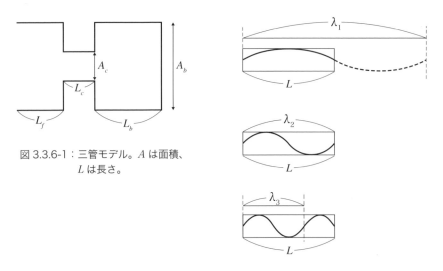

図 3.3.6-1：三管モデル。A は面積、L は長さ。

図 3.3.6-2：両端が閉じた管での共鳴。

λ_1 は $2L$、λ_2 は L、λ_3 は $2/3L$ になっているのが分かるだろうか？　λ_2 $= 2/2L$ と考えると、分子は常に 2、分母は n になる（$\frac{2}{1}$, $\frac{2}{2}$, $\frac{2}{3}$）。よって、一般化すると：

$$\lambda_n = L \times \frac{2}{n} \qquad \cdots (1)$$

であるから、「魔法の式（$f = c/\lambda$）」を使うと、図 3.3.6-2 における共鳴周波数を求める式は以下のようになる：

$$f_n = \frac{c}{L \times \frac{2}{n}} \qquad \cdots (2)$$

では、片方が閉じている管で起こる共鳴の式（3.3.4 節、P.132 の(4)）と比べてみよう。片方が閉じている管に比べて、両方が閉じている管では分母が小さくなるので、このような管で共鳴する音は相対的に高い音となる。

三管モデルで一番複雑なのは、真ん中の管である。このように共鳴する管に挟まれた管では「ヘルムホルツ共鳴」という共鳴が起こる。ヘルムホルツ共鳴による周波数は(3)の式で表すことができる。

$$f = \frac{c}{2\pi} \sqrt{\frac{A_c}{A_b L_b L_c}} \qquad \cdots (3)$$

（A は面積、L は長さ。A_c と L_c は狭めが起こっている真ん中の管の値、A_b と L_b は後ろの管の値。c は音速。π は円周率。）

この式を理解するにあたって、$c/2\pi$ の部分は定数なので、平方根の中身が重要になる。大事なのは分子が A_c、つまり狭めが起こっている部分の管の面積であるという点である。これは狭めが起こっている部分の面積が広ければ広いほど、ヘルムホルツ共鳴が高くなることを意味している。つまり「口腔が開けば開くほどヘルムホルツ共鳴は高まり」「口腔が閉じれば閉じるほどヘルムホルツ共鳴は下がる」ということである。ま

た L_b を分母に含むため、狭めが唇に近づくと L_b の値が大きくなり、ヘルムホルツ共鳴の値は下がる。

これらの式を全て手で計算するのは大変なので、図 3.3.5-2 にならってそれぞれの管の共鳴の値をプログラムで自動的に計算すると、図 3.3.6-3 のようになる。ただし、このグラフでは A_c の変化を示せないので、ヘルムホルツ共鳴の線は A_c を A_b の約 1/6 に固定して計算している[6]。この図を見ると、ヘルムホルツ共鳴では別の管から生じる共鳴よりも低い周波数の音が出ることが分かる。つまり、ほとんどの母音において、第一フォルマントはヘルムホルツ共鳴から来ていると理解して良い。

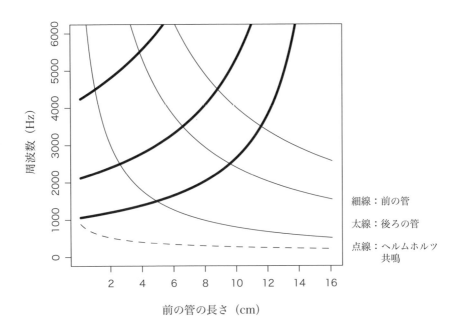

図 3.3.6-3：三管モデルの共鳴パターン。前の管から来る共鳴（細線）、後ろの管から来る共鳴（太線）、ヘルムホルツ共鳴（点線）。ヘルムホルツ共鳴の計算では A_c は固定している（A_b の約 1/6）。

---

[6] この値は Stevens, K. (1990) On the quantal nature of speech. Journal of Phonetics 17: 3-45 に従った。この論文では他の値を使ったシミュレーションも行われている。

●●●●● 音響音声学

3.4 実際の音声の音響特性

3.4.1：日本語の母音

　ここまでの音響の仕組みの解説を理解できたら、様々な音がどのような音響的特徴を持つのか理解するのは容易である。この節ではまず、日本語の母音の音響特徴を観察してみよう。図 3.4.1-1 は、日本語の「あ、い、う、え、お」をフーリエ変換して、スペクトログラムとして表したものである。第一フォルマント、第二フォルマント、第三フォルマントを横線で強調してある。

　まず、五つの母音の第一フォルマントを比べると、「あ」が最も高い値を、「い、う」が一番低い値を、「え、お」が中間の値を示している。ここで、「あ」「い、う」「え、お」の口腔の開き度合いを再確認してみよう（2.6.1 節）。「あ＝広母音」「え、お＝半狭母音」「い、う＝狭母音」であった。よって、第一フォルマントは口腔の狭めに反比例する。別の言い方をすれば、第一フォルマントは口腔の開き度合いに比例する。つまり、口腔が開けば開くほど第一フォルマントは高くなり、口腔が閉じれば閉じるほど第一フォルマントは下がる。これは 3.3.6 節のヘルムホルツ共鳴の式(3)から理解できる。この式では A_c が分子にある。つまり、第一フォルマントの高さは A_c に正比例し、A_c は口腔の開き度合いを示している。第一フォルマントはヘルムホルツ共鳴に対応し、その計算式では分子に A_c が来ることを理解していれば、どのような母音がどのような第一フォルマントを持つのかが分かる。

•••••••••••••••••••••••••• 練習問題 1 ••••••••••••••••••••••••••

　なぜ高母音の第一フォルマントは低くなるか、自分のことばで説明しなさい。

•••

　では、次に第二フォルマントを見てみよう。「い、え」が高い値を、「あ、

3.4 実際の音声の音響特性

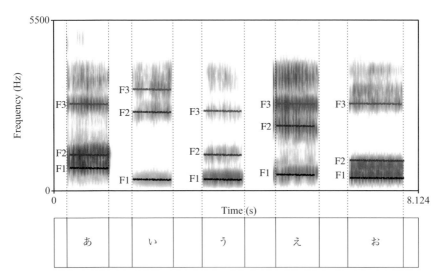

図 3.4.1-1：日本語の母音のフォルマント構造【カラー図あり】。

う、お」（特に「お」）が低い値を示している。ここでもそれぞれの母音の調音の位置を再確認してほしい（2.6.1 節）。舌が前方に動く前舌母音（「い、え」）では第二フォルマントが高くなり、舌が後方に下がる後舌母音（「あ、う、お」）では第二フォルマントが低くなる。ここで、図 3.3.6-3 を再確認してみよう。前の管が 5 cm 以下にならない限り、第二フォルマントは前の管で共鳴する。人間の発話では、実質的に第二フォルマントは常に前の管から来ると考えて良い[14]。舌が前に来ると前の管の長さは短くなり、結果として第二フォルマントも高くなる。図 3.4.1-1 を見ると、「い」の音が非常に高い第二フォルマントを持っているのが分かる[15]。一方、「お」の第二フォルマントは非常に低い。これは舌が後ろに下がって、前の管が長くなるからである。

•••••••••••••••••••••••••••• 練習問題2 ••••••••••••••••••••••••••••

なぜ後舌母音の第二フォルマントは低くなるか、自分のことばで説明しなさい。また、「お」における前の管の長さを 8 cm、「い」における

前の管の長さを 5 cm として、それぞれの母音の第二フォルマントを計算しなさい。

・・

「い」では、第三フォルマントが目立って高いが、それ以外の母音では第三フォルマントは比較的似たような値になっている。日本語の母音の区別に関して言えば、「い」を除いては、第三フォルマントはあまり重要ではない。

このように、母音の区別には第一フォルマントと第二フォルマントが非常に大事な役割を担っている。第一フォルマントは「舌の高低に反比例（口腔の開き度合いに比例）し」、第二フォルマントは「舌が後ろに下がるほど低くなる」。ここで、図3.4.1-2(a)のように y 軸に第一フォルマントを、x 軸に第二フォルマントをとって、それぞれの母音の値を記してみよう。スケールを y 軸も x 軸も「高い方から低い方へ」とると、その結果は母音の調音位置（図3.4.1-2(b)）ときれいな対応関係がある【追加資料あり】。母音の音色は、方言や性差、年齢などによっても変わるので、図3.4.1-2(a)はあくまでも目安として理解してほしい。

・・・・・・・・・・・・・・・・・・・・ 練習問題3 ・・・・・・・・・・・・・・・・・・・

Praat（P.95、文献(1)）などのソフトで自分の声のフォルマントを測れる人は、自分の「あ、い、う、え、お」の第一フォルマントと第二フォルマントを測り、その結果をもとにプロット図を作りなさい。

・・

第二フォルマントの振る舞いが理解できると、調音音声学の章で残された謎、「前舌母音ではなぜ唇が横に広がり、後舌母音ではなぜ唇が丸まるのか」の答えが分かる（2.6.1 節）。図3.4.1-3(a)を見てほしい。後舌母音と前舌母音における「舌の前の空間の長さ」を考えてみよう。舌の位置の違いからで、舌の前の空間の長さは後舌母音の方が長い。ここで

3.4 実際の音声の音響特性

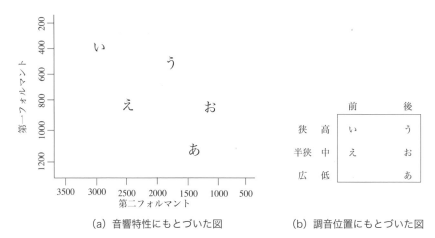

(a) 音響特性にもとづいた図　　　(b) 調音位置にもとづいた図

図 3.4.1-2：日本語の母音の音響特性と調音特性。

14 第二フォルマントを簡単に聞く方法

第二フォルマントは基本的に前の管から来る。よって他の管を鳴らすことなく、前の管だけを鳴らすことができれば、第二フォルマントが聞ける。これを行うには、色々な母音を発音する口の形を保持したまま、歯磨きをしてみれば良い。すると、前の管だけ共鳴して第二フォルマントが聞ける【参考動画あり】。また、さらにお手軽な方法として、少し痛いかもしれないが、「お」や「え」の口の形を保持して、頬を指で弾くと、これらの母音の第二フォルマントが聞ける。

15 母音のその他の音響特徴

日本語の母音を区別するには、主に第一フォルマントと第二フォルマントだけを考えれば良い。しかし、母音にはほかにも音響的な違いがある。例えば、口腔の開き度合いが大きくなればなるほど、その母音の持続時間は長くなる。また、舌の高さが上がれば上がるほど、基本周波数は高くなる。これらの音響的特徴が聴者の母音の知覚にどのように影響するのかを精査するのも、音声学の重要な課題である（Hirahara, T., & Kato, H. (1992) The effect of F0 on vowel identification. In Tohkura, Y., Vatikiotis-Bateson, E. V., & Sagisaka, Y. (eds.) Speech perception, production and linguistic structure. Tokyo: Ohmsha. pp. 89–112)。

後舌母音を発音する際に唇を丸めると、もともと長い空間がさらに長くなる。逆に前舌母音を発音する際には、舌の前の空間はもともと短く、唇を横に広げると、その空間はさらに短くなる。結果として、図 3.4.1-3 (b)のように前舌母音と後舌母音における「舌の前の空間の長さ」の差が強調され、第二フォルマントの差も強調されるわけである。

つまり、唇は「舌によって作られた前の管の長さの差を強調するように動いている」のである。「第二フォルマントの音響的な差をより明確にするように動いている」と言っても良い。これはコミュニケーションの観点から考えると納得がいく。人間は唇をうまく使うことで、自分が発した母音がどの母音かを、より明確に聴者に伝えようとしているのである。

この観察は「人間の調音パターンがコミュニケーションにおける情報伝達のミスを最小限にするように最適化されている可能性」を物語っている。この仮説を突き詰めていくことで「人間がどのような音声を使用するか」を説明したものに、Adaptive Dispersion Theory [7] や Contrast Enhancement Theory [8]、Quantal Theory [9] などがある。どの理論も本書の内容が理解できていれば十分に太刀打ちできるはずなので、興味がある読者は原典（英語）に挑戦してみてほしい。

3.4.2：英語の母音

続いて、英語の母音の音響特徴を見ていこう。図 3.4.2-1 は英語のそれぞれの母音の第一フォルマント、第二フォルマント、第三フォルマントを示している [10]。日本語の母音と同様、方言によって母音の音色は微妙に異なり、性差などによってもフォルマントの値は変わってくるので、あくまで目安として捉えるようにしよう。

では、それぞれの母音のフォルマントの特徴を見ていこう。一管モデル（3.3.4 節）で捉えられるシュワ（曖昧母音）は、大体 500 Hz、1,500 Hz、2,500 Hz のフォルマントを持つ。第一フォルマントは口腔の開き度合いに比例するので、高母音では低くなり、低母音では高くなる。逆

3.4 実際の音声の音響特性

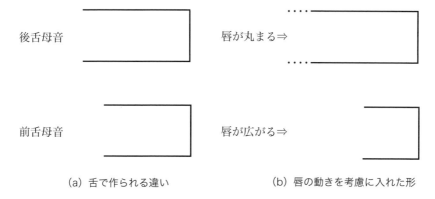

(a) 舌で作られる違い　　　　(b) 唇の動きを考慮に入れた形

図 3.4.1-3：唇の動きが口腔空間に与える影響。

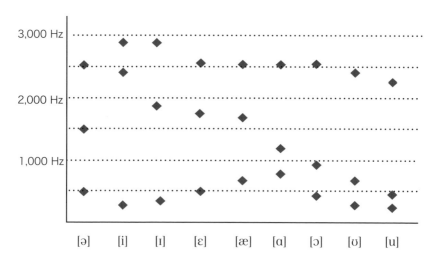

図 3.4.2-1：英語の母音の第一フォルマント、第二フォルマント、第三フォルマント【カラー図あり】。

(7) Liljencrants, J., & Lindblom, B. (1972) Numerical simulation of vowel quality systems: the role of perceptual contrast. Language 48: 839-862.
(8) Stevens, K., & Keyser, S. J. (1989) Primary features and their enhancements in consonants. Language 65: 81-106.
(9) Stevens, K. (1990) On the quantal nature of speech. Journal of Phonetics 17: 3-45.
(10) Ladefoged, P., & Johnson, K. (2015) A course in phonetics, 7th edition. Stanford: Cengage Learning を参考に描画。

音響音声学

に言うと、第一フォルマントから「舌の高低（または口腔の開き度合い）」が推測できる。第二フォルマントは、舌の前の管の共鳴から来ることが多いため、舌が前に出るほど高い音となる。第三フォルマントは、母音間に目立った差は出ないが、第二フォルマントと緩やかな比例関係にあることが多い**16**。

•••••••••••••••••••••••••••• 練習問題 1 ••••••••••••••••••••••••••••

　図 3.4.2-1 をもとに、図 3.4.1-2(a)のような第一フォルマントと第二フォルマントのプロット図を英語用に作りなさい。

•••

3.4.3：摩擦音

　次に、摩擦音の音響特徴を見ていこう。[sssssssss] と発音してみただけでも、摩擦音が非常に高い音を出しているのが分かるかもしれない。スペクトログラムを観察すると、摩擦音が高い音を持っていることが目に見えてさらによく分かる。図 3.4.3-1 は [s]、[ɕ]、[h] のスペクトログラムである（[ɕ] は「しゃ、しゅ、しょ」の子音部分）。ここで注意してほしいのは、この図の y 軸の上限が 8,000 Hz になっていることである。母音の音響を見る場合、5,000 Hz 程度まで見れば十分であるが、[s] の音のエネルギーはもっと高いところにあるので、摩擦音の音響分析の際には設定を確認することが重要である。

　では、摩擦音はなぜ高い周波数帯にエネルギーを持つのだろうか？　母音と比較してみると答えが見えてくる。母音の音源は声帯で作られ、声道を通して共鳴が起こる。3.3.3 節でも見た通り、この声道の長さは成人男性で約 17.5 cm である。では、[s] はどこで作られるのだろうか。舌先が上の歯に近づき、そこで乱流（摩擦）が起こる。さらにその乱流が上の唇の裏（人によっては下の唇の裏）にあたる。乱流が壁にぶつかることで、音が強められる **17**。[s] の摩擦は、この歯と唇の間の非常に短い

空間で共鳴する。この空間の長さを 1 cm と仮定して、一管モデルの第一共鳴の式を使うと、35,000 cm/4 = 8,750 Hz の音が共鳴すると予想される。

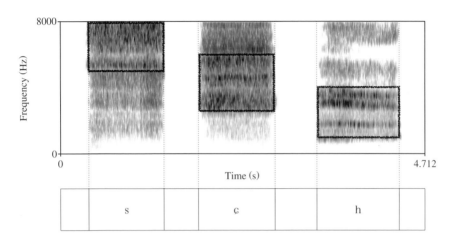

図 3.4.3-1：摩擦音の音響。枠で囲ってあるのは、エネルギーが強く見られる周波数帯【カラー図あり】。

> **16 第三フォルマントの役割**
> 　日本語や英語では母音の分析に第三フォルマントはあまり重要ではないが、前舌母音でありながら唇を丸めて発音する母音を持つフランス語やドイツ語では（2.6.1 節）、第三フォルマントが非常に重要な役割を果たす。唇を丸めて前舌母音を発音すると、唇を丸めない場合に比べて、第三フォルマントが低くなる。そこでドイツ語やフランス語の母音を分析する際には、第三フォルマントの観察も重要となる。

> **17 日本語の「ふ」は静か？**
> 　日本語の「ふ」の子音 [ɸ] は、英語の [f] に比べて非常に静かに聞こえる。[f] は [s] と同じように、作り出された乱流が上唇の裏にあたって強い音になる。それに比べて、[ɸ] は両唇の間で乱流が作られるが、その乱流がぶつかる壁がないので、音が強められない。このため、日本語に慣れない英語話者には、「富士山」が「うじさん」に聞こえてしまうことがある。

では、[s] と [ɕ] を比較してみよう。[ɕ] の方がより口の奥で発音されていることは、調音音声学の章で述べた（2.2.1 節）。[ɕ] の摩擦が共鳴する管は、[s] の摩擦が共鳴する管に比べて少しだけ長くなる。結果として、[ɕ] の共鳴は [s] の共鳴よりも低くなる。しかも [ɕ] を発音する場合は、唇が丸まることもある。ただし、英語の [ʃ] ではかなり強く丸まるが、日本語の [ɕ] では丸まりが弱い人もいる。なぜ唇が丸くなるかは、図 3.4.1-3 で解説した原理と全く同じである。唇を丸めることで、[s] と [ɕ] の共鳴する周波数の差が強調されるのである。

━━━━━━━━━━━━━━━ 練習問題 1 ━━━━━━━━━━━━━━━

唇の丸まりを考慮に入れると、[ɕ] の摩擦が共鳴する管の長さ（L）は 2 cm 程度であると仮定できる。一管モデルの第一共鳴の式を使って、[ɕ] の共鳴周波数を計算しなさい。

━━━━━━━━━━━━━━━━━━━━━━━━━━━━━━━━━━━━━

━━━━━━━━━━━━━━━ 練習問題 2 ━━━━━━━━━━━━━━━

ドイツ語などには無声硬口蓋摩擦音 [ç] や無声軟口蓋摩擦音 [x] が存在する【参考音声あり】。これらの音はどのような周波数の摩擦を持つか、考えなさい。

━━━━━━━━━━━━━━━━━━━━━━━━━━━━━━━━━━━━━

口腔のさらに奥で発音される [h] になると、共鳴する空間はさらに長くなるので、共鳴する周波数はさらに低くなる。

摩擦音の音響を計量化する場合、母音のフォルマントのようなはっきりとしたピークが現れるわけではないため、スペクトルの全体的な分布を見ることがある。特に「どの周波数帯にエネルギーが集中しているか」を示す指標の一つとして、「重心（*Center of Gravity*: COG）」を使うことがある[18]。重心とは統計の用語で「加重平均」と同義である。COG の

3.4 実際の音声の音響特性

具体的な計算方法は、以下のようになる：

$$\text{COG} = \frac{\sum_{i=1}^{n} w_i x_i}{\sum_{i=1}^{n} w_i} \quad \cdots (1)$$

ここで、音の強さを「重み（w）」として、x に周波数を代入すると、周波数の加重平均が得られる。この計算は基本的に平均の計算だが、加重が付いているので、音圧レベルが高い部分の周波数が強く影響し、音圧レベルが低い部分の周波数はあまり影響しない。

••••••••••••••••••••••••• 練習問題３ •••••••••••••••••••••••••

図 3.4.3-2 は、ある二つの摩擦音のスペクトルである。どちらの摩擦音がより後ろの調音点を持つか、答えなさい。x 軸の上限が 12,000（1.2×10^4）Hz であることに注意すること。

•••

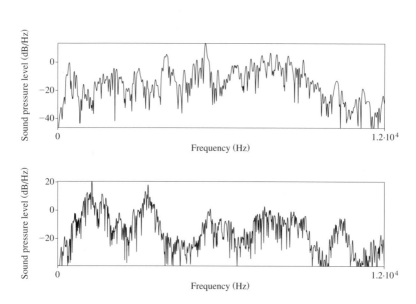

図 3.4.3-2：二つの摩擦音のスペクトル。

149

音響音声学

•••••••••••••••••••••••• 練習問題4 ••••••••••••••••••••••••

　加重平均は、大学の成績の指標としてよく使われる GPA（*Grade Point Average*）にも使われている。A＝4点、B＝3点、C＝2点、D＝1点として、3単位の授業でA、2単位の授業でC、1単位の授業でBをとった時の GPA を計算しなさい。

3.4.4：破裂音と調音点

　破裂音は、口腔が閉じている間は基本的にあまり音がしない。無声子音であれば、文字通りまったく音はせず、有声子音であっても声帯振動の音が聞こえるだけである。では、[p] vs. [t] vs. [k] のような無声破裂音を区別する調音点の違いは、どのような音響的な違いに現れるのだろうか？　調音点の区別をするために重要な音響要素の一つとして、まず破裂のスペクトルがあげられる[11]。図3.4.4-1 は、英語話者が発音した [p]、[t]、[k] の破裂のスペクトルである。[p] と [k] が右下がりなのに対して、[t] は右上がりになっている。これはつまり、前者は低い周波数帯に強いエネルギーが分布しているのに対し、後者では高い周波数帯に強いエネルギーが分布しているということを意味する。前者のようなエネルギー分布を持つ音のことを「鈍」、後者のエネルギー分布を持つ音を「鋭」と呼ぶ。また、[p]、[t] に比べて、[k] ではスペクトルの山の数が少ない。これは一つ一つの山にエネルギーが集中していることを意味している。この [k] のような、エネルギーが集中しているスペクトルを持つ音は「集約的」（または「密」）と呼ばれ、[p] や [t] のようなスペクトルを持つ音は「分散的」（または「疎」）と呼ばれる[19]。

150

3.4 実際の音声の音響特性

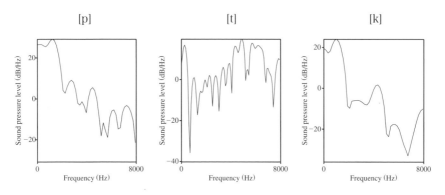

図 3.4.4-1：[p]、[t]、[k] の破裂のスペクトルの比較。

18 摩擦音分析の最近の動向

ただし、摩擦音の音響特性を分析する際に COG を使うことには、批判も高まっている。Jesus, L.M.T., & Shadle, C.H.（2002）A parametric study of the spectral characteristics of European Portuguese fricatives. Journal of Phonetics 30: 437–464 などを参照。しかし、現在でも COG を用いている第一線の研究者たちもいる。「音声学も科学であり、絶対的に信頼できる尺度などはない」ということであろう。

19「集約的 vs. 分散的」「鈍 vs. 鋭」を計量化する

近代音声学では「集約的 vs. 分散的」「鈍 vs. 鋭」を計量化する方法も提唱されている。摩擦音の分析でも用いられるように、「鈍 vs. 鋭」の対立にはスペクトルの重心（加重平均）を使う。「集約的 vs. 分散的」の対立に関しては、「分散」や「標準偏差」が用いられる場合がある。統計を知っている読者は、「平均」と「分散」が使われるのであれば、「歪度」や「尖度」はどうなのか気になるかもしれない。答えはもちろん Yes である。スペクトルとは要は統計分布であり、分布の指標となる「平均」「分散」「歪度」「尖度」は全て、音声学の分野でも多く使われる。Forrest, K., Weismer, G., Milenkovic, P., & Dougall, R. N. (1988) Statistical analysis of word-initial voiceless obstruents: Preliminary data. Journal of the Acoustical Society of America 84: 115–123 などを参照。

---

(11) Stevens, K., & Blumstein, S. (1978) Invariant cues for place of articulation in stop consonants. Journal of the Acoustical Society of America 64: 1358-1368.

音響音声学

•••••••••••••••••••••••• 練習問題 1【中級】 ••••••••••••••••••••••

　第一フォルマントと第二フォルマントの分布を考えると、「あ vs. い」や「お vs. い」の対立も「集約的 vs. 分散的」や「鈍 vs. 鋭」の対立として捉えることができる。日本語のこれらの母音を、「集約的 vs. 分散的」「鈍 vs. 鋭」を使って分類しなさい。

••

　また、子音は近接の母音のフォルマントに影響を与えるが、調音点によってその影響の仕方が異なる。子音に接する母音の部分のフォルマントが動く現象は「フォルマント遷移（せんい）」と呼ばれ、調音点の知覚に非常に重要な影響を与えることが分かっている（詳しくは 4.3 節参照）。図 3.4.4-2 は、英語話者が発音した [ab]、[ad]、[ag] のスペクトログラムである。

　子音にどのような母音が隣接するかによって多少詳細は異なるものの、一般的には表 3.4.4-1 のようなフォルマント遷移のパターンが見られる。まず、第一フォルマントは全ての調音点の子音によって下げられる。次に、唇音は全てのフォルマントを下げる。この観察は、先に見た「[p] ＝鈍」という特徴とも一致している。舌先音は第一フォルマントを下げるが、第二フォルマントと第三フォルマントを上げる。これも先に見た「[t] ＝鋭」という特徴と一致している。舌背音では、第二フォルマントが上がり、第三フォルマントが下がるため、この二つのフォルマントは互いに近づく。図で見ると、軟口蓋（*velar*）の音に向けて、第二フォルマントと第三フォルマントをつまんで（*pinch*）いるように見えるため、この近づきは *velar pinch* と呼ばれ、先に見た「[k] ＝集約的」という特徴と一致する。

　表 3.4.4-1 のパターンは、ほとんどの母音と子音の組み合わせで有効ではあるが、母音によっては例外が生じることもあるので注意が必要である。例えば、[di] のような場合、[i] の第二フォルマントはすでに非常

3.4 実際の音声の音響特性

に高いので、[d] がそのフォルマントをさらに引き上げるということはない。これは [gi] でも同様である。また第一フォルマントの下降は、[da] の方が [di] よりはっきりと観察される。これは、[a] の方がもとの第一フ

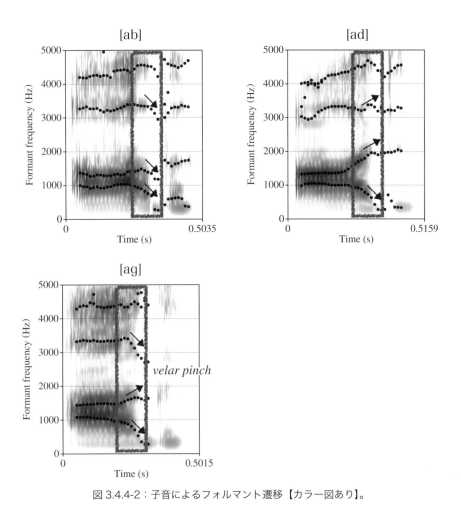

図 3.4.4-2：子音によるフォルマント遷移【カラー図あり】。

	唇　音（例えば[b]）	舌先音（例えば[d]）	舌背音（例えば[g]）
第三フォルマント	↓	↑	↓
第二フォルマント	↓	↑	↑
第一フォルマント	↓	↓	↓

表 3.4.4-1：フォルマント遷移のパターン。

音響音声学

ォルマンが高いためである。フォルマント遷移を考える場合、母音の音響を考慮する必要があるので、表 3.4.4-1 のパターンは、あくまで一般的なルールとして解釈してほしい。

3.4.5：様々な調音点のフォルマントへの影響…MinMax ルール

前節では [b]、[d]、[g] がどのように母音のフォルマントを変化させるかを学んだ。どの調音点がどのようにフォルマントに影響するのかは、MinMax と呼ばれるルールを使うとより詳細に知ることができる[20]。このルールでは、一管モデルを想定し、その中での第一共鳴、第二共鳴、第三共鳴を考える。管の中で狭めが生じた時、その狭めがそれぞれの共鳴に対応する正弦波の 0 に近い部分（つまり Min(imum)）にあたる場合、そのフォルマントは上がる。逆に、その狭めが正弦波の最大・最小に近い部分（つまり Max(imum)）にあたる場合、そのフォルマントは下がる。（MinMax ルールの物理的証明は非常に難しいので、本書では触れない。）

では、図 3.4.5-1 をもとにして MinMax ルールを具体的に見ていこう。例えば、両唇の狭めは、全ての共鳴において Max に位置する。よって、全てのフォルマントが下がる。これは前節で見た、「[b] は全てのフォルマントを下げる」という観察と一致する。歯茎の狭めが起こると、第一フォルマントは下がり、第二フォルマントは少し上がり、第三フォルマントは顕著に上昇する。硬口蓋での狭めは、第二共鳴が最も 0 に近づく点にあたり、第二フォルマントが非常に顕著に上昇する。よって、硬口蓋で狭めが起こる [i] の音や日本語の拗音は、第二フォルマントが非常に高い。このように、MinMax ルールを使うと、狭めが声道のどの部分にあるかによってフォルマントがどのように変化するかを予想することができる。

また、2.3.3 節で「英語の [r] には色々な調音の仕方がある」ことに触れたが、実は音響的には、どの調音方法で発音された [r] でも第三フォルマントが低いという点で一致する（詳しくは 3.4.7 節）。この「なぜ色々

154

3.4 実際の音声の音響特性

な調音方法が存在しながら、音響的には同じ特徴を持つのか」という問いの答えも、MinMaxルールから得ることができる。第三フォルマントは「両唇」「軟口蓋前部」「咽頭」の三つの地点がMaxに位置する。様々な [r] の調音を観察すると、これらの箇所で狭めが起こり、第三フォルマ

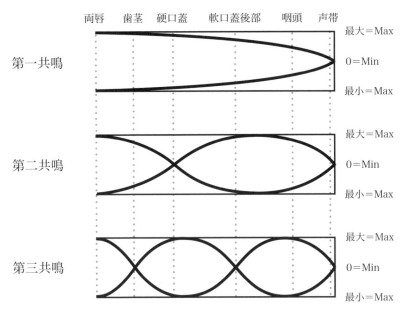

図 3.4.5-1：MinMaxルール。

⓴ MinMaxルールとChiba & Kajiyama 1942

この考え方はChiba & Kajiyama（1942）が "The Vowel: Its Nature and Structure" の中で提唱したものの、当時は第二次世界大戦中だったこともあり、あまり世界に広まらなかった。しかし、Gunner FantやKen Stevensなど現代の音響理論を作り上げた学者たちによって、Chiba & Kajiyamaの理論が音響分析において非常に有用であることが世に広められ、Chiba & Kajiyama（1942）は、今では音声学の古典となっている。MinMaxルールはChiba & Kajiyama（1942）では証明なしに述べられているが、後にFantによって物理的な証明がなされるに至って、現在の音声学の分析で広く使われるようになった。

ントが下がることが分かる。[r] 調音の際には、三箇所全てで同時に狭め
を作る英語話者も存在し、[r] の調音点を一つに定めるのは難しい⑫。

●●●●●●●●●●●●●●●●●●●● 練習問題 1【中級】 ●●●●●●●●●●●●●●●●●●●

　言語によっては、口腔内で同時に二箇所に狭めや閉じが見られる音が
存在する。最も頻繁に観察されるのは [pk] という組み合わせである。な
ぜ [p] と [k] は相性が良いのだろうか？　MinMax ルール（図 3.4.5-1）
を使って、[p] と [k] が第一、第三フォルマントにどのような影響を与え
るか考え、なぜ [p] と [k] の組み合わせの相性が良いのか、説明しなさい。

●●●

3.4.6：鼻音

　鼻音の音響は、物理的に非常に複雑である。図 3.4.6-1 は、[m] と [n]
の調音を模式化したものであるが、鼻音では鼻腔にも空気が抜けるため、
鼻音の音響を分析する際には、鼻腔と口腔の両方の状態を考慮しなけれ
ばならない。口腔と違って、どの鼻音を発音する際にも鼻腔の長さは変
わらず、非常に長い。図 3.4.6-1 を見ると分かるように、鼻腔の管は口
腔の管より長い。よって、鼻腔では非常に周波数の低い音が共鳴する。

●●●●●●●●●●●●●●●●●●●●●●●●●● 練習問題 1 ●●●●●●●●●●●●●●●●●●●●●●●●●

　鼻腔の管の長さを 21.5 cm として、どのような周波数の音が共鳴する
か計算しなさい。また、母音が鼻音化すると、「舌の高低」を知覚的に区
別することが難しくなると言われる。その理由を考えなさい。

●●●

　鼻腔で共鳴する音は「鼻音フォルマント」と呼ばれる。図 3.4.6-2 に
[ma]、[na]、[ŋa] の波形とスペクトログラムを示す。鼻音の調音中には
一貫して低い周波数帯にエネルギーが観察されるのが分かるだろう。

3.4 実際の音声の音響特性

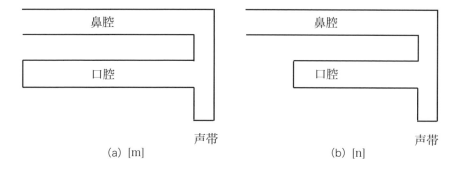

図 3.4.6-1：[m] と [n] の調音を模式化したもの。

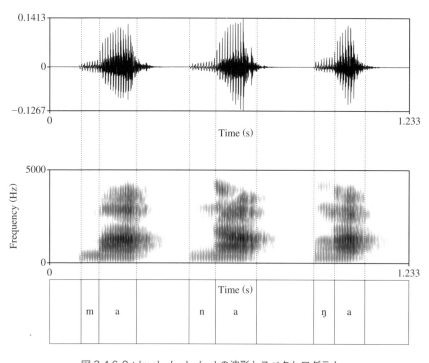

図 3.4.6-2：[ma]、[na]、[ŋa] の波形とスペクトログラム。

---

(12) Ohala, J. J. (1985) Around flat. In Fromkin, V. (ed.) Phonetic linguistics: essays in honor of Peter Ladefoged. Orlando: Academic Press. pp. 223–241.

音響音声学

また図3.4.6-1のような形状では、口腔が閉じて、その中にエネルギーが閉じ込められることが確認されている。その結果、ある特定の周波数のエネルギーが弱まり、その弱まった周波数は「アンチフォルマント」と呼ばれる[21]。アンチフォルマントの周波数は、口腔の長さに反比例する。[m] のように口腔が長いものはアンチフォルマントの周波数が低くなり、口腔の閉じが後ろにいくに従って、アンチフォルマントの周波数は高くなる。図3.4.6-3は [m]、[n]、[nʲ] のスペクトルであるが、どの鼻音にも急激にエネルギーが減衰する部分（矢印の部分）があり、その部分の周波数は、調音点が後ろになるに従って高くなることが分かる。

3.4.7：流音

この節では、流音である英語の [r] と [l]、日本語の「ら行」の音を見ていこう。まず日本人にはその違いの聞き取りが難しい [r] と [l] であるが、これらの音の音響的要素の違いは第三フォルマントにある。図3.4.7-1はアメリカ人が発音した *rice*（お米）と *lice*（シラミ）のスペクトログラムである【参考音声あり】。特徴的なのは、*rice* の先頭の第三フォルマントが非常に低くなっており、第二フォルマントとほぼ一致しているという点である。この非常に低い第三フォルマントが、英語の [r] の特徴である。2.3.3節では、英語の [r] には色々な調音の仕方があるということを述べたが、音響的には、どの調音方法で発音された [r] も「第三フォルマントが低い」ということで一致している。つまり、英語話者が [r] を発音する際には「どの調音方法を使うか」よりも「第三フォルマントを下げる」ということの方が重要だということである。

図3.4.7-1を見ると、[r] に対して [l] は第三フォルマントが高いことが分かる。また [r]、[l] ともに、次に続く母音との境界が分かりにくい。これは、母音調音時のように、[r] と [l] の調音時にも空気が多く流れているからである。

3.4 実際の音声の音響特性

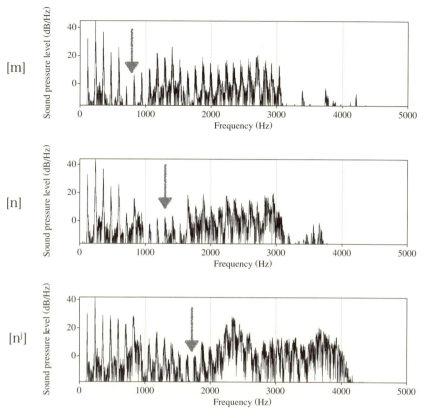

図 3.4.6-3：鼻音のアンチフォルマント。

21 発見者は日本の物理学者

エネルギーを吸い取ってしまうブラックホール（!?）のような現象、アンチフォルマントを発見したのは、日本人の物理学者・音声学者、藤村 靖 先生である。藤村先生は、調音音声学の章でも触れた X 線マイクロビーム（コラム18、P.66）の開発も指揮し、さらに調音・音響の分析だけでなく、知覚の分野でも非常に重要な研究を行い、音韻論的な議論も積極的に行った。残念ながら 2017 年に亡くなったが、音声科学の基礎を築くのに世界的に貢献されたことは間違いない。アンチフォルマントの数学的基礎づけは Fujimura, O. (1962) Analysis of nasal consonants. Journal of the Acoustical Society of America 34: 1865-1875 で堪能することができる。また、藤村先生が晩年に自分の研究をまとめた『音声科学原論』（岩波、2007 年）は、様々な示唆に満ちている。特に巻末ノートには音声学の発展に携わった藤村先生が直接感じ取った現場の雰囲気が生き生きと書き残されている。

●●●●● | 音響音声学

●●●●●●●●●●●●●●●●●●●●● **練習問題 1** ●●●●●●●●●●●●●●●●●●●●●

　Praat（P.95、文献（1））などの音声分析ソフトが使える人は、自分で発音した英語の [r] と [l] を録音し、第三フォルマントの高さを比べなさい。明確な差が確認できるだろうか？

●●●

　次に日本語の「ら行」に移るが、日本語の「ら行」の音は英語の流音と異なり、最も顕著な特徴はその「短さ」にある。図 3.4.7-2 は日本人が発音した [ara] を音響分析したものだが、[r] の区間が非常に短いことが分かる。この発話では、[r] はほぼ 25 ms、つまり 40 分の 1 秒である。[d] と [r] は調音点・有声性で一致しており、よって [d] の音を人工的に短くしていくと、日本語の [r] に聞こえる。実際、「なるほどー」を速く発音すると「なるほろー」に聞こえるので試してみよう。このように「日本語の『ら行』＝短い」と特徴づけると、英語の流音の長さが気になるかも知れないが、先ほど見たように、英語の流音は隣の母音との境界を定めることが難しいので、正確な時間が測りにくい。

3.4.8：有声性

　この節では、[t] と [d] などを区別する時に使う有声性（2.4.1 節）の音響特徴を見てみよう。図 3.4.8-1 は、日本語話者が発音した「にと [nito]」と「にど [nido]」のスペクトログラムである。2.4.1 節では有声性を「声帯振動の有無」だけで特徴づけたが、音響的に観察すると様々な違いが見られる。まず、①の部分を見ると、[d] の区間には周波数の低いエネルギーが存在するが、[t] の区間には存在しない。この低いエネルギーは声帯振動の現れである。3.3.1 節で見たように、声帯振動は高い周波数の倍音を含む。それにもかかわらず、なぜ [d] では低い周波数帯だけにエネルギーが観察されるのか？　これは、周波数の低いエネルギーは壁を越えて外に出てきやすいからである。これは、隣の部屋で音楽

3.4 実際の音声の音響特性

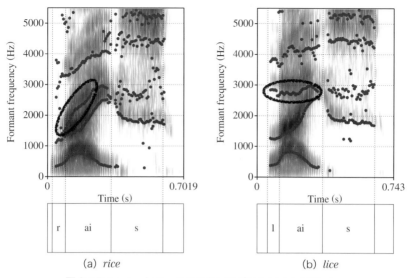

(a) *rice* (b) *lice*

図 3.4.7-1：*rice* と *lice* のスペクトログラムとフォルマント。

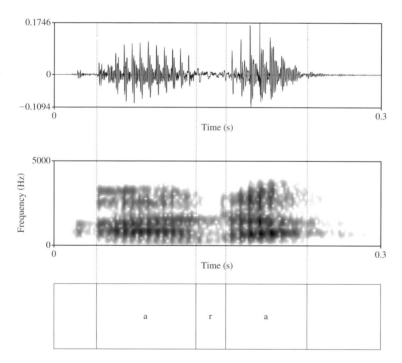

図 3.4.7-2：日本人が発音した [ara] の波形とスペクトログラム。全体が 300 ms で [r] の長さは 25 ms。

が鳴っている時、高い音は聞こえず、ドラムやベースのような低い周波数の音だけが聞こえてくることからも分かる [22]。

また、[t] と [d] の長さを比べてみると、[d] の方が短いことが分かる（②）。2.8.2 節で触れた通り、有声阻害音は空気力学的負荷がかかるので、無声阻害音に比べて一般的に短くなる。また、破裂を比べてみると、スペクトログラムに現れている色の濃さから、[t] の方が強いことが分かる（③）。これは口腔内気圧の上昇が [d] より [t] の方が大きいためである。有声阻害音の調音中は、口腔内気圧が高まると声帯振動が止まってしまうため、口腔内気圧をそこまで高めることができず、破裂が弱くなる。最後に、前の母音 [i] の長さを比べてみると、[d] の前の母音の方が長いことが分かる（④）。この母音の長さの違いも有声性の特徴である。またこの図だけからでは分からないが、統計的に処理してみると、様々な言語において有声音は周りの母音の基本周波数や第一フォルマントを下げることも分かっている。

英語の有声性に関しても、日本語と同じことが言え、音響的に見ると様々な違いが観察される。図 3.4.8-2 は、英語話者が発音した *rapid* と *rabbit* のスペクトログラムである。日本語と同じように、[b] では子音の間でも声帯振動が続いているのが見てとれる（①）。また、[b] は [p] より短く（②）、前の母音は [b] の方が [p] より長い（③）。ちなみに、この二つの単語では [b] も [p] も強勢（3.4.10 節）の後に位置しているため、あまりはっきりとした破裂が観察されない。

英語では [p]、[t]、[k] vs. [b]、[d]、[g] のような区別を「有声性」として解釈するべきか「帯気性」として解釈するべきか立場が分かれることは 2.4.1 節で述べた。しかし、これらの違いを「有声性」や「帯気性」といった調音的な特徴でなく、音響的な特徴によって捉えようとする提案もある。この音響的特徴は「VOT（Voice Onset Time；有声開始時間）」と呼ばれるもので、「口の閉じの開放から声帯振動が始まるまでの時間」と定義される [13]。図 3.4.8-3 に例をあげよう。これは英語話者が発音した *die* と *tie* の最初の部分であるが、どちらの調音時にも、語頭で

3.4 実際の音声の音響特性

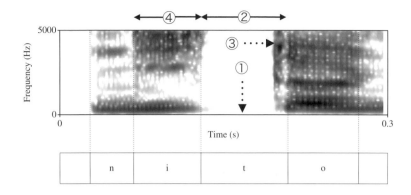

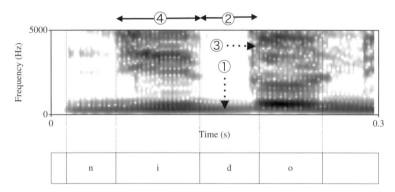

図 3.4.8-1：[nito] vs. [nido]。長さはどちらも 0.3 秒で揃えてある。（このように、二つ音の長さをスペクトログラムで比べる際は、全体の長さを揃えるべきである。）

22 AM と FM の違い

「低い周波数の波の方が障害物を通り抜けられる」ということはラジオの AM と FM の違いからも実感できる。AM で使われるのは kHz の周波数帯、FM で使われるのは MHz（メガヘルツ）の周波数帯なので、AM の方が低い周波数帯の波を使っている。トンネルの中でも AM の方が聞こえやすいのは、低い周波数の方が障害物を越えて通じるという性質のためである。

---

[13] Lisker, L., & Abramson, A. S. (1964) A cross-language study of voicing in initial stops: acoustical measurements. Word 20: 384-422.
Abramson, A. S., & Whalen, D. H. (2017) Voice Onset Time (VOT) at 50: theoretical and practical issues in measuring voicing distinctions. Journal of Phonetics 63: 75-86.

音響音声学

の声帯振動は見られない。声帯振動が起こっていれば、低い周波数帯にエネルギーが観察されるはずであるが、完全な無音区間しか確認されない。つまり、*die* と *tie* が異なるのは、VOT の長さ（破裂が起こってから次の声帯振動が始まるまでの時間）の違いによるということになる。

表 3.4.8-1 は、英語の「有声性の違い」がどのような音響的な違いに現れるかをまとめたものである。この表を見ると、「同じ有声性の違いであっても、その音が現れる位置によって、異なった音響特徴の違いとして現れることがある」ということが分かる。

	有　声	無　声
語頭・強勢前	VOTが短い	VOTが長い
	第一フォルマントが低い	第一フォルマントが高い
	基本周波数が低い	基本周波数が高い
	破裂が弱い	破裂が強い
母音間・強勢後	声帯振動あり（＝VOTの値が負）	声帯振動なし（＝VOTの値が正）
	狭めや閉じの時間が短い	狭めや閉じの時間が長い
	前の母音が長い	前の母音が短い
	第一フォルマントが低い	第一フォルマントが高い
	基本周波数が低い	基本周波数が高い
語尾	声帯振動がありうる	声帯振動がない
	狭めや閉じの時間が短い	狭めや閉じの時間が長い
	前の母音が長い	前の母音が短い
	第一フォルマントが低い	第一フォルマントが高い
	基本周波数が低い	基本周波数が高い

表 3.4.8-1：英語の「有声性」の音響的違いのまとめ。[14]

---

[14] Kingston, J., & Diehl, R. (1994) Phonetic knowledge. Language 70: 419-454 を参考に著者が加筆修正したもの。日本語の有声性の音響特徴に関しては、Kawahara, S. (2006) A faithfulness ranking projected from a perceptibility scale: the case of〔＋voice〕in Japanese. Language 82: 536-574 を参照。

164

3.4 実際の音声の音響特性

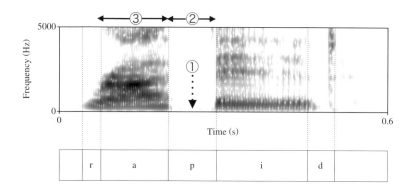

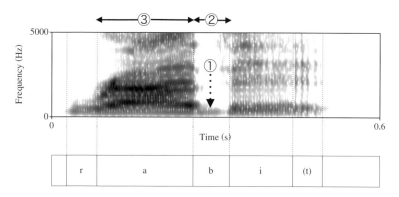

図 3.4.8-2：英語の有声性対立、*rapid* vs. *rabbit*。

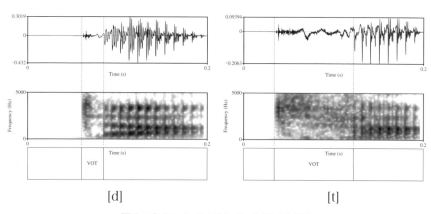

図 3.4.8-3：*die* の [d] と *tie* の [t] の VOT。

音響音声学

3.4.9：スペクトログラムを読み解く

　これまで様々な音の音響特徴を見てきたが、これらを理解すると、スペクトログラムを読み解くことができる。著者も大学院時代、毎週学友らと互いに問題を出し合い、「スペクトログラムからもとの単語を推察する会」を開いていた。また恩師と一対一でスペクトログラムを観察した経験が、音響音声学を理解する何よりの訓練になった。スペクトログラムからもとの調音を読み解く練習は、音響音声学の修行の一環と言って良いだろう。

　よって本節では、スペクトログラムを読み解く練習をしよう。図3.4.9-1 から図 3.4.9-3 に日本語の単語のスペクトログラムを三つ示す。本節で解説するスペクトログラムでは、音と音の区切りを点線で示している。これは著者が引いた補助線であり、もちろん実際の音声にはこのような区切り線は存在しない。

　まず図 3.4.9-1 のスペクトログラムを見ると、①は高い周波数にエネルギーが集中している。これは摩擦音の特徴であるが、どんな摩擦音かはまだ分からない。②を見ると、フォルマントがはっきりと観察されることから、この音は母音であることが分かる。この母音は第二フォルマントが非常に高いが、ここまで第二フォルマントが高い日本語の母音は [i] しかない。そして②から④にかけては、第二フォルマントがなだらかに下降している。④もフォルマントがはっきり観察されるので、母音である。④の母音は第二フォルマントが非常に低く、第一フォルマントとかなり接近している。この特徴から④は [o] であることが分かる。よって、②から④は [io] か [ijo] であると考えられる。ここで [io] か [ijo] か断言できないのは、半母音（③）は母音と同じくらい空気が流れているので、母音との境界が分かりにくいからである。次に⑤では、無音区間の後に破裂が見られる。これは無声閉鎖音の特徴である。破裂のエネルギーを見ると、低いところに集中しており、この音は「集約的」であり「鈍」である [k] と推測される。⑥は④と音響特徴がほぼ同じなので、[o] であることが分かる。ここまで分かると [çioko] や [çijoko] などが候補

166

3.4 実際の音声の音響特性

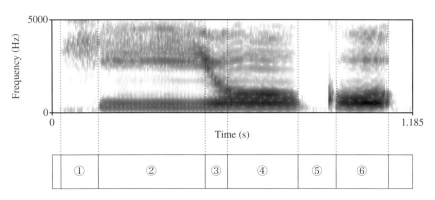

図 3.4.9-1：スペクトログラム 1。

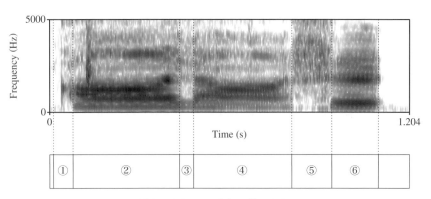

図 3.4.9-2：スペクトログラム 2。

としてあがる。実際に存在する日本語の単語は何か考えると、正解は「ひよこ」ということになる。

では、次に図 3.4.9-2 を見てみよう。まず①には、エネルギーが少なく、破裂だけが観察されることから、この音は破裂音であることが分かる。また、破裂のエネルギーを見ると、「集約的」であり「鈍」であるから、[k] であることが予想される。次に②を見ると、フォルマントがはっきり見えることから、この音が母音であることが分かる。この母音は第一フォルマントが非常に高く、第二フォルマントが低いので、おそらく

167

[a] であろうと推測できる。また、②の母音の最初の部分の第二フォルマントが上がり、第三フォルマントが下がっているが、これは *velar pinch* と呼ばれる舌背音の特徴で（3.4.4 節）、①が [k] であるさらなる証拠になる。③を見るとエネルギーが減衰しており、非常に短い子音だということが分かる。ここまで短い子音は日本語では [r] しかない。④は②と同じような母音が続いているため [a] である。⑤は高い周波数のみにエネルギーを持っているため、この音が摩擦音であることが分かる。⑥はフォルマント構造がはっきり見られるため、母音である。第一フォルマントが低く、第二フォルマントが [i] と [a] の中間あたりに分布している。このフォルマント特徴は、日本語の [u] に合致する。まとめると、[karasu] や [karaɕu] などが候補にあがるが、実際に存在する単語ということで「からす」が正解ということになる。

　以上の二つのスペクトログラムでは、「摩擦音であることは分かったが、どの摩擦音か分からない音」があった。これは、y 軸の上限が 5,000 Hz だったためである。母音の特徴は 3,000 Hz 以下の部分に現れるため、y 軸の上限を 5,000 Hz にすると、母音の音響特徴がはっきり見える。しかし、摩擦音の特徴は 3,000 Hz から 9,000 Hz あたりに現れるため、y 軸を 9,000 Hz にすると、摩擦音の音響特徴がよく分かるようになる。よって、最初は 5,000 Hz に設定し、摩擦音が観察された後、その摩擦音の細かな特徴を推測する場合には、y 軸の上限を上げると良い。また、摩擦音の部分のスペクトル（3.2.5 節、3.4.3 節）を観察するのも有効である。

　では実際に y 軸の上限を 9,000 Hz に設定したスペクトログラム（図3.4.9-3）を見てみよう。①と③を見ると、7,000 Hz から 9,000 Hz に強いエネルギーが観察されるため、これらの音は摩擦音であることが分かる。①と③を比べると、③の方が低いところにもエネルギーが強くはっきりと観察され、これは③の方が調音点が口腔の奥の方にあることを示している。9,000 Hz あたりにエネルギーが強く出る摩擦音①は [s] であることが推測され、③は [s] より調音点が少し後ろにあると推測され

3.4 実際の音声の音響特性

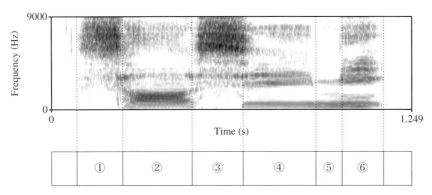

図 3.4.9-3：スペクトログラム 3。

るため [ɕ] である。②を見ると、下の方にフォルマントが観察されるので、この音は母音である。しかも、第一フォルマントと第二フォルマントがくっついて一つの太い線のように見えているが、この「集約的」な音響特徴を持つ母音は [a] である。④も下の方にエネルギーがあるので、母音であることが分かるが、二つのフォルマントがはっきり分かれている（「分散的」な）ことから、[i] だということが分かる。⑥は④と同じような音響特徴を持っており、これも [i] であろう。⑤は周波数の低い部分にエネルギーがあるが、母音ほど強いエネルギーではない。これは鼻音の特徴であるので、[m] か [n] であることが分かる。④の母音の最後の部分を見ると、第二フォルマントと第三フォルマントが下降している。これはこの子音が「唇音」、つまり [m] であることを物語っている。以上から、正解は「さしみ」となる。

　これらの練習を通して、スペクトログラムを読み解くことで、音響がより深く理解できるようになることが実感できただろうか。本書で扱ったスペクトログラムだけでなく、他の色々なスペクトログラムも読み解いてみよう。多少上級者向けではあるが、http://home.cc.umanitoba.ca/~robh/archive.html には、オンラインでできるスペクトログラム解読クイズがある。

音響音声学

•••••••••••••••••••••• 練習問題1【中級】 ••••••••••••••••••••••

図3.4.9-4と図3.4.9-5、二つのスペクトログラムが表している日本語の単語を推測しなさい。

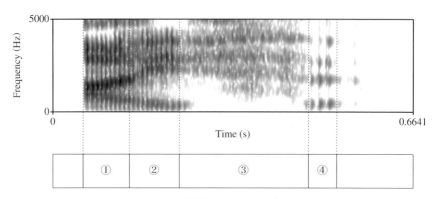

図3.4.9-4：練習用スペクトログラム1。

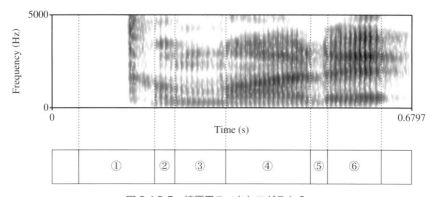

図3.4.9-5：練習用スペクトログラム2。

.... 練習問題2 ....

　図 3.4.9-6 は英語話者が発音した *repel*、*hatch*、*John* のスペクトログラムである。どのスペクトログラムがどの単語に対応するか答えなさい。また、その理由も述べなさい。

....

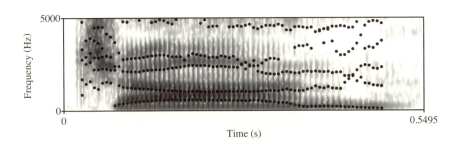

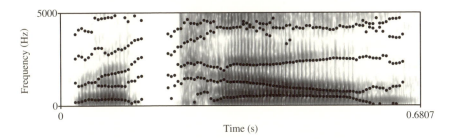

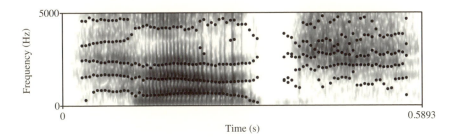

図 3.4.9-6：英語のスペクトログラム。

3.4.10：英語の強勢

一般的に「英語のアクセント」と呼ばれているものは、実際はアクセントではなく、「強勢（ストレス）」である。日本語で「雨」と「飴」がアクセントの違いで意味が変わるように（2.9.2節）、英語でも「*present*（プレゼント、出席している）vs. *present*（発表する）」や「*object*（もの、目的語）vs. *object*（反対する）」のように強勢の違いで意味が変わるペアが存在し、一般的に名詞・形容詞の強勢は前に、動詞の強勢は後ろに来る傾向がある【参考音声あり】。（本節では強勢の位置を太字で示す。）

では、音声学的に考えると「強勢」とは何なのだろうか？ それは、音響分析を用いるとよく分かる。図3.4.10-1は *atom* と *atomic* の波形とスペクトログラムを比較したものである【参考音声あり】。前者では *a* に強勢が置かれ、後者では *o* に強勢が置かれる。強勢が置かれている母音は時間的にも長く、波形から分かるように、振幅も大きい。これは *atom* と *atomic* における語頭の *a* を比較するとよく分かるだろう。同じように、*o* に対応する音も *atomic* の方が *atom* よりも長い。3.3.4節でも触れた通り、英語では強勢がない母音は非常に弱くなり、そのような母音は「シュワ（曖昧母音）」と呼ばれる。よって、*atomic* の語頭の母音も[ɑ]ではなく、[ə]である。

また、強勢は母音だけでなく子音にも影響を与える。*t* で表されている子音を比べてみよう。*atomic* のように、強勢がある母音の直前に来ると、*t* ははっきりとした閉鎖音として発音され、強い破裂を伴う。また、VOT（3.4.8節）も非常に長い。それに対して、*atom* のように、強勢のある母音の後に来ると、*t* には閉鎖も破裂も起こらず、いわゆる「弾き音」という大変短い音になる。このような英語の *t* は、日本語の「ら行」の子音にとても近い音響特徴を持つ（3.4.7節参照）。例えば、アメリカ英語の *water* という単語が、日本人の耳に「わらー」と聞こえるのは、このためである[23]。このように、英語の強勢は、母音だけでなく子音にも影響を与える[15]。

3.4 実際の音声の音響特性

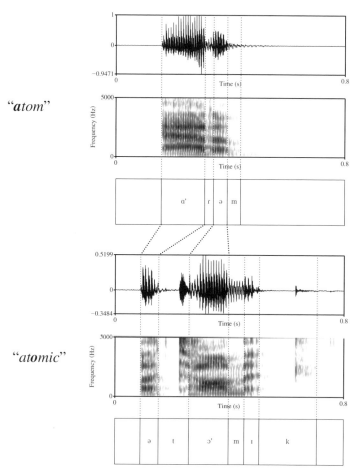

図 3.4.10-1：*atom* vs. *atomic* の波形とスペクトログラムの比較。それぞれの *ato* の音の長さを比べるために点線を加えてある。アノテーションでは、強勢をアポストロフィで示している。

> **23 ジョン万次郎と「わら」**
> 19世紀、ジョン万次郎は船が遭難した際にアメリカ人に保護され、その後アメリカの大学で学んだ。彼は日本に戻り英語教師を務めたが、*water* は「わら」と発音するように指導したと言われている。ジョン万次郎は耳で、つまり音から英語を学んだと言われており、*t* と書かれていても音声学的には日本語の「ら行」に近いことを実体験から理解していたものと思われる。

---

(15) Gordon, M., & Roettger, T. (2017) Acoustic correlates of word stress: a cross-linguistic survey. Linguistic Vanguard 3: 1-11.

●●●●● 音響音声学

3.5 付 録

3.5.1：付録1…指数関数と対数関数

　音の大きさを表す尺度 dB は「対数関数的」であるし（P.110）、人間が周波数の高さを知覚する時にも「対数関数的尺度」を使っている。対数は定義が一見非常に複雑に見えるので、苦手意識を持っている人もいるかもしれないが、私たち人間の心理はおそらく大部分が「対数関数的」に働いている。怖がることなく対数関数の基本的な性質を押さえておくと、音声学に限らず様々な学問を学ぶ際にも役立つ。よって本節では対数関数の基本的な性質を確認する。ただし、対数関数の理解のためには「指数関数」の理解が前提となるので、指数関数から見ていこう。

指数関数

　まずは指数を定義する。a と n を整数として、a を n 回かけたものを、a^n と書く：

$$a^n = \overbrace{a \times a \times a ... \times a}^{n} \qquad \cdots (1)$$

では、a^m に a^n をかけたらどうなるだろうか？：

$$a^m \times a^n = \overbrace{a \times a \times a ... \times a}^{m} \times \overbrace{a \times a \times a ... \times a}^{n} = \overbrace{a \times a \times a ... \times a}^{m+n} = a^{(m+n)} \qquad \cdots (2)$$

ここで注目したいのは、左辺の「かけ算（$m \times n$）」が右辺の「足し算（$m+n$）」に変わっている点で、これは指数関数の重要な性質の一つである。では「べき乗（a^n）」はどうなるだろうか。$(a^n)^m$ を計算してみると：

$$(a^n)^m = \overbrace{\overbrace{a \times a \times a ... \times a}^{n} \times \overbrace{a \times a \times a ... \times a}^{n} ... \times \overbrace{a \times a \times a ... \times a}^{n}}^{m} = a^{n \times m} \qquad \cdots (3)$$

左辺の「べき乗（n^m）」が右辺では「かけ算（$n \times m$）」になるのが分かる。これも指数関数の重要な性質である。最後に「分配法則」が成り立つことを確認しておく。分配法則とは「括弧の外にある n を中身の要素に分配できる」という性質である：

$$(a \times b)^n = \overbrace{(ab) \times (ab) \times (ab)...}^{n} = \overbrace{a \times a \times a...}^{n} \times \overbrace{b \times b \times b...}^{n} = a^n \times b^n \quad \cdots \text{ (4)}$$

●●●●●●●●●●●●●●●●●●●●●●●●● 練習問題 1 ●●●●●●●●●●●●●●●●●●●●●●●●

以下の $x,\ y,\ z,\ w$ の値を求めなさい。

1. $2^3 \times 4 \times 8 = 2^x$
2. $27^3 \times 9 \times 3^2 = 3^y$
3. $(a^3 \times b^4)^2 \times (a \times b^3)^4 = a^z \times b^w$

●●●

a^0 はいくつになるだろうか。答えは「1」である。実際に授業で「なぜ $a^0 = 1$ になるか分かりますか？」と聞くと、「そう覚えさせられたから」という反応がよく返ってくるが、そういう回答は良くないので、しっかりと計算してみよう。まず $a^{(n+0)}$ を考える。べき乗の中身の $(n+0)$ を先に計算すると、$(n+0) = n$ なので、以下の式が成り立つ：

$$a^{(n+0)} = a^n \qquad \cdots \text{ (5)}$$

ここで、(2)を使うと、$a^{(n+0)}$ は(6)のように分解できる：

$$a^{(n+0)} = a^n \times a^0 \qquad \cdots \text{ (6)}$$

(5)と(6)から、以下が成り立つ：

175

●●●●●● 音響音声学

$$a^n = a^n \times a^0 \qquad \cdots (7)$$

(7)の両辺を a^n で割ると、$a^0 = 1$ が成り立つ（ただし、$a \neq 0$）。

では $a^0 = 1$ が分かったところで最後に a^{-n} を求める。そのために、まず $a^{(n-n)}$ を考えてみる。べき乗の中身の $(n-n)$ の部分を先に計算すると、$(n-n) = 0$ となる。よって：

$$a^{(n-n)} = a^0 = 1 \qquad \cdots (8)$$

ここで、(2)を使って、$a^{(n-n)}$ を分解すると：

$$a^{(n-n)} = a^n \times a^{-n} \qquad \cdots (9)$$

(8)と(9)を合わせると、(10)が成り立つ：

$$1 = a^n \times a^{-n} \qquad \cdots (10)$$

(10)の両辺を a^n で割ると：

$$a^{-n} = \frac{1}{a^n} \qquad \cdots (11)$$

以上の指数関数の性質を一つの式で表すと、(12)のようにまとめられる：

$$a^{(m-n)} = \frac{a^m}{a^n} \qquad \cdots (12)$$

指数関数は面白い性質を持った関数で、自然界の様々なところに顔を出すが、一番よく目にするのは、大きい数や小さい数を表す時の「省略記号として」かもしれない。例えば、700,000,000 のような数があると

する。このような数は、読みにくいし、書きにくく、一見 0 が何個ある
かもはっきりしない。よって代わりに：

$$700,000,000 = 7 \times 100,000,000 = 7 \times 10^8 \qquad \cdots (13)$$

と書くとすっきりするし、0 が 8 個あることも一目で分かる。同じよう
に、0.00000007 と書かれていると面食らってしまうが：

$$10^{-n} = \frac{1}{10^n} \qquad \cdots (14)$$

であることを利用して：

$$0.00000007 = \frac{7}{100,000,000} = 7 \times 10^{-8} \qquad \cdots (15)$$

と書くと、非常に分かりやすくなる。

•••••••••••••••••••••••••••• 練習問題2 ••••••••••••••••••••••••••••

以下の式を解きなさい。

1. $3^0 =$
2. $3^{-2} =$
3. $2^{(4-6)} =$
4. $27^3 \times 3^{-3} =$

••

対数関数

　繰り返しになるが、対数関数は定義が複雑なため難しいと思われがち
だが、一回使い方を覚えれば非常に便利な関数である。ここでは、対数

● ● ● ● ●　音響音声学

関数の性質を一つ一つ見ていこう。まず、対数関数を(16)のように定義する：

$$y = a^x \rightarrow x = \log_a y \qquad \cdots (16)$$

つまり、「a を何乗したら y になるか」という質問に対する答えを導くのが対数関数である。「a」のことを底と呼ぶ。

●●●●●●●●●●●●●●●●●●●●●●●●● 練習問題３ ●●●●●●●●●●●●●●●●●●●●●●●●●

(16)の定義を使って、以下の式を解きなさい。

1. $\log_3 27 =$
2. $\log_4 64 =$
3. $\log_a a =$
4. $\log_{10} 1000000 =$
5. $\log_3 \dfrac{1}{9} =$

●●

では、$\log_a 1$ を考えてみよう。先ほど確認した通り $a^0 = 1$ なので、(17)が成り立つ：

$$\log_a 1 = 0 \qquad \cdots (17)$$

次に、$\log_a PQ$ を考えてみよう。先ほど「指数関数では、かけ算が足し算になる」ことを確認した。では、指数関数の裏返し（逆関数）とも言える対数関数はどのような性質を持つのだろうか？　$\log_a PQ$ を解くために：

$$\log_a P = r, \ \log_a Q = s \qquad \cdots (18)$$

178

とする。次に、P と Q をそれぞれ対数の定義に合わせて指数の形に直すと：

$$P = a^r, \quad Q = a^s \qquad \cdots (19)$$

最終的に求めたいのは $\log_a PQ$ なので、PQ を求める。(19)から：

$$PQ = a^r \times a^s \qquad \cdots (20)$$

(2)から $a^r \times a^s = a^{r+s}$ であるので：

$$PQ = a^{r+s} \qquad \cdots (21)$$

ここで、a を底とする対数を計算すると：

$$\log_a PQ = r+s \qquad \cdots (22)$$

r と s を(18)を使って元の数値に戻すと、(23)が成り立つ：

$$\log_a PQ = \log_a P + \log_a Q \qquad \cdots (23)$$

「対数ではかけ算（$P \times Q$）が足し算（$P + Q$）になる」ことが分かっただろうか。これは大きな数字の計算をする時に非常に便利である。かけ算をすると膨大な数になってしまう計算も、対数変換をすると足し算で済むからである。実際に計算機が発明される前は、大きな数同士のかけ算には対数が頻繁に使われていた。

では「べき乗」を考えてみよう。指数関数では「べき乗がかけ算になる」ことから、対数関数も同じ性質を持つ。この性質を確認するために、$\log_a P^t$ を実際に解いてみよう。$\log_a P = r$ とする。すると対数の定義か

179

音響音声学

ら：

$$a^r = P \qquad \cdots (24)$$

最終目標は $\log_a P^t$ なので、P の t 乗を計算する：

$$P^t = (a^r)^t \qquad \cdots (25)$$

ここで（3）を使って：

$$(a^r)^t = a^{rt} \qquad \cdots (26)$$

よって $P^t = a^{rt}$ が得られる。この式を対数の形で表すと：

$$\log_a P^t = rt \qquad \cdots (27)$$

もともと $\log_a P = r$ としたので、これを(27)の右辺に代入して、最終的に(28)が成り立つ：

$$\log_a P^t = rt = t(\log_a P) \qquad \cdots (28)$$

このように、対数関数の中身の「べき乗」は、対数の外に出すと「かけ算」に変換される。

　最後に、指数関数と対数関数を身近に感じられるように、「情報理論」の一番基礎の部分を紹介しよう。情報理論とはクロード・シャノンが定式化した「情報をいかに正確かつ効率的に伝えるか」に関する数学的理論であり、現代のパソコン技術の基礎の一つにもなっている[16]。では、情報理論に指数関数と対数関数がどのように使われるか具体的に見ていこう。

「n 個のオン・オフのスイッチがある時に区別できる事象の数はいくつか」という問いを考えてみよう。スイッチが一つの時は二つの事象、スイッチが二つの時は四つの事象、スイッチが三つになると八つの事象が表せる。つまり、n 個のスイッチがある時、2 の n 乗の事象を表すことができる。この定式化は、スイッチがない時にも一つの事象は存在するので、2 の 0 乗が 1 ということとも整合性がある。つまり指数関数 $f(n)$ $= 2^n$ は「オン・オフのスイッチが n 個ある時、区別ができる事象の数」を表す。

では、逆の問いを考えてみよう。12 の事象を区別するには、オン・オフのスイッチが何個必要になるだろうか？ 答えは $\log_2 12$ である。これを計算すると約 3.58 となり、切り上げると「四つ」になる。「2 の 4 乗は 16 だから、12 個の色を区別するにはスイッチが四つあれば十分だろう」と、これくらいは頭の中で計算できる。しかし、数が多くなり、例えば 5,000 個の事象を区別するとなると、いくつのスイッチが必要になるか簡単に暗算はできない。そのような時は、パソコンを使って対数を計算すれば良い。$\log_2 5,000$ は約 12.29 だから、切り上げると「13 個のスイッチがあれば十分」ということになる。一般化すると、「m 個の区別をつけるために必要なスイッチの数は、$f(m) = \log_2 m$ という式で表すことができる」となる。

シャノンの情報理論では、このような「ある特定の情報を表すためには、スイッチが何個必要になるか」を計算することが分析の一番の基礎になっている。ここから始まる情報理論は近年、音声学の分析にも応用されている手法である[17]。

---

[16] Shannon, C. (1948) A mathematical theory of communication, MA Thesis, MIT.

[17] 情報理論を用いて日本語の音声パターンを分析したものに Shaw, J., & Kawahara, S. (2018) Effects of Surprisal and Entropy on vowel duration in Japanese. Language and Speech がある。

音響音声学

3.5.2：付録2…アナログとデジタル

　現代の音響分析では、ほぼ間違いなく、「アナログデータ」ではなく「デジタルデータ」が使われる。アナログデータとデジタルデータはどのように違うのだろうか？　また、デジタルデータを扱っていると「サンプリング周波数」ということばが出てくるが、それは何を示しているのだろうか？

　物理現象としての波は切れ目がなく連続的に続いているが、音声の波も例外ではない。この波を分析しようとする場合、そのままでは無限にデータポイントがあるのでパソコンで計算することができない。そこで、連続的に続いている「無限のデータ」を「有限個の点」で表すことが「デジタル化」である。イメージとしては図 3.5.2-1 のようになる。

　音声学者がパソコンで音声を分析する時に対象となるデータは、デジタル化された音声である。デジタル化する際に大事な「サンプリング周波数」は「サンプリングレート」とも呼ばれ、「一秒間に何個の点を用いるか」を表す。サンプリング周波数が高ければ高いほど、もとの連続的な動きをより正確に捉えられるが、その分、デジタル化されたファイルの容量は大きくなる。CD のサンプリング周波数は 44,100 Hz であり、一秒間に 44,100 個の点を使ってもとの音を表しているが、音声学の分析でも基本的に 44,100 Hz が使われる。

　では、なぜこの周波数が一般的に使われるのか説明していこう。「周波数を求めるためには波長を求めれば良い」ということは 3.3.2 節で詳しく述べた。では、ある波の波長を捉えるためには、最低何個のデータ数が必要だろうか？　答えは二個である。ある波の一点を捉えたとしても、次にどこにいくか分からなければ、その波長は求められず、結果として、周波数も求められない。つまり、デジタル化した時に捉えられる周波数の上限は、サンプリング周波数の半分までということになる。この分析できる音の周波数上限は「ナイキスト周波数」と呼ばれ、この観察は「標本化の定理」もしくは「ナイキストの定理」と呼ばれる。例えば、44,100 Hz でサンプリングされた音は、22,050 Hz の波まで分析可能で

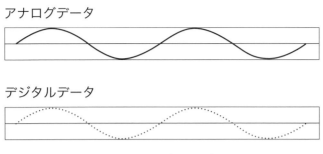

図 3.5.2-1：アナログからデジタルへ。

ある。人間の耳にはせいぜい 20,000 Hz くらいまでしか聞こえない（また、4.2 節で解説するように、この上限は加齢とともに下がっていく）。よって、44,100 Hz のサンプリング周波数を使えば、人間の耳に聞こえる周波数は全てカバーされるので、一般的にこの周波数が使われているのである。しかし、厳密に言うと「20,000 Hz」というのは単純な正弦波に限った話なので、複合音になるとそれ以上の周波数が聞こえるという人も存在する。「44,100 Hz より高いサンプリング周波数を使ったハイレゾやアナログのレコードの方が音が良い」という人たちがいるのは、不思議な話ではない。ただし、音声学の分析に限って言えば、上記の理由から 44,100 Hz のサンプリング周波数を使えば十分であると言えよう。

•••••••••••••••••••••••••••• 練習問題 1 ••••••••••••••••••••••••••••

11,050 Hz でサンプリングされた音のナイキスト周波数を求めなさい。また、この周波数が音声の分析に十分であるか考えなさい。

••

音響音声学

　ちなみに電話の周波数帯には、3,500 Hz ほどまでしか含まれていない。よって、4,000 Hz 以上にエネルギーを持つ摩擦音は、電話では非常に聞こえにくくなる。また、それぞれの人の声の「その人らしさ」は、主に高い周波数帯に現れることが分かっている。電話だと相手の声を他の人の声と間違えてしまうことがあるのは、このためである。電話では「その人らしさ」が現れる部分が伝えられないので、振り込め詐欺のようなことが起こるのかもしれない。しかし、もちろん、電話では情報を効率的に伝達することが優先されるため、ある程度のデータを切り捨てるのは仕方のないことかもしれない。

　以上のように、どれくらい正確に波の周波数を捉えるかには「サンプリング周波数」という指標を用いるが、どれくらい正確に音の強さを捉えるかには、単位がビットである「量子化レベル」という指標が使われる。n ビットで区別できる音の大きさの数は 2^n である。現在一般的に用いられる量子化レベルは 16 ビットで、これは 2 の 16 乗、すなわち 65,536 段階の音の強さの区別がつけられるということである[24]。65,536 段階もの区別をつければ人間の耳が捉えられる区別は十分にカバーしているということで、一般的に 16 ビットが使われているのである。

---

[24] なぜ 2 の「べき乗」を使うのか
　量子化レベルの n には 8、16、32 など 2 のべき乗が使われることが多い。これは実際にフーリエ変換を計算する際、「バタフライ演算」という演算を行うのに便利だからである。理論的には、量子化レベルはどのべき乗を使っても問題はない。

4 知覚音声学

4.1 知覚音声学とは何か

　第3章で見たように、人間が発した音声は空気の振動として聴者の耳に伝わる。では、聴者はどのようにして、その空気振動を話者のメッセージとして解釈するのだろうか？　知覚音声学では、この問題に取り組む。第2章で確認した通り、人間の調音はMRIなどを使うと「見る」ことができる。また、第3章で解説した通り、音響パターンはスペクトログラムという形で「見る」ことができる。しかし「知覚」は、MRIを使ってもスペクトログラムを使っても「見る」ことはできない。そこで、知覚音声学では、様々な音を聴者に聞かせ、それらの音を聴者がどのように解釈するか分析することで、人間音声の知覚のメカニズムを解明していく。本章では実験結果のグラフを読み解くことで知覚音声学を学んでいこう。グラフを読むことに慣れていない読者もグラフと本文をじっくりと照らし合わせながら、本章に取り組んでほしい。

　最も基本的な知覚音声学の実験は、聴者にある音を聞かせ、その音がどのような音に聞こえるかを判断させるものである。この点において、知覚音声学の実験は心理学の実験に非常に近い。実際に、音声知覚の研究は、音声学者と心理学者が共同で行うことが多く、学際的である。アメリカでは多くの音声学者が心理学科に所属している。しかし、心理学と音声学では、「知覚」と「聴覚」という二つの単語の意味する範囲が異なることがあるので、注意が必要である。

　図4.1-1に示したように、心理学で「知覚」と言うと、音声だけでなく「視覚・触覚・味覚・嗅覚」など全ての認知感覚を指し、「聴覚」は「認知感覚の音に関わる部分」を意味する。つまり、心理学においては「聴覚」は「知覚」の一分野になる。しかし音声学における「聴覚」は、「音声が耳から脳に電気信号として入るまでのプロセス」であり、「知覚」

は「その電気信号を脳がどのように認知するか」を指す。つまり、音声学における「知覚」と「聴覚」は、音の認識プロセスの別段階を示すものである。ただし、「知覚音声学」という時には「聴覚」「知覚」両方の段階を含むので、一層の注意が必要である。知覚音声学を学び、研究するにあたって、音声知覚に関する様々なテーマについて心理学者と議論するのは非常にためになるが、互いが使用している用語の意味を明確にしないと思わぬ誤解を生むことになるので、注意したい。

　本章では、まず音声学で言うところの「聴覚のメカニズム」を解説し、その後、人間の音声知覚の基本的な特徴を概観することにしよう。先に述べたように「知覚のメカニズム」を直接見ることは不可能なので、具体的な実験とそれらの結果の分析を紹介することで、「知覚のメカニズム」を間接的に見ていくことにしたい。しかし、実験結果のグラフは結果を分かりやすく解説するために簡素化したものがほとんどであり、原典のグラフとは異なることを最初に断っておく。興味がある読者のために、原典も明記したので参考にしてほしい。

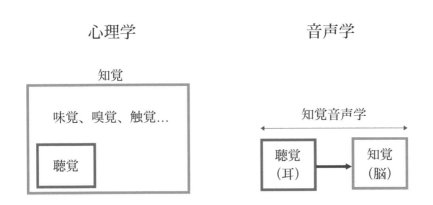

図 4.1-1：心理学と音声学における「知覚」と「聴覚」の範囲。

4.2 　聴覚のメカニズム：耳から脳へ

　人間の耳は、外から入ってきた空気振動をどのようにして脳に伝えるのだろうか？　聴覚のメカニズムを理解するために、まずは「耳の構造」から見ていこう。この節では、知覚音声学の理解に必要な生物学的用語がたくさん出てくるが、無理に暗記することよりも、それらの器官がどのような構造をしているのか理解することを心がけてほしい。

　実は、「一般的に言われる耳」と「専門的な意味での耳」の範囲は大きく異なる。図4.2-1（a）を見てほしい。「一般的に言われる耳」とは「耳介」のことであるが、「専門的な意味での耳」は「耳介」から耳の奥にある「蝸牛」までを含み、「外耳・中耳・内耳」の三つの部分から構成される。

　まず「外耳」に含まれる「耳介」は、でこぼこのひだによって音を乱反射させ、音がどの方向から来ているのか感知する役割を担っている。よって、耳介のでこぼこを粘土で埋めてしまうと、音がどこから来ているのか分からなくなる。音がどこから来ているか分からないと、外界からの危険がどこから迫っているか分からず、人は恐怖を覚える。実際に著者も体験したことがあるが、耳介のでこぼこを埋めたところ、聞こえてくる音の発信源が分からなくなり、なんとなく不安を覚えた。一見あまり存在意義がないように思われる耳介のでこぼこも、非常に重要な役割を担っているのである。耳介を通さずに音を聞く状況は、イヤホンで音を聞く時にもあてはまる。イヤホンを通して聞こえる音が「どこから来ているか」と聞かれても表現するのが難しいのは、音が耳介を通らず、耳の穴から直接入ってくるからである。

・・・・・・・・・・・・・・・・・・・・・・ 練習問題1 ・・・・・・・・・・・・・・・・・・・・・・

　怪談「耳なし芳一」の話の終わりで、芳一は耳介を無くしてしまう。彼は全く音が聞こえなくなってしまったのか、答えなさい。また、その理

4.2 聴覚のメカニズム：耳から脳へ

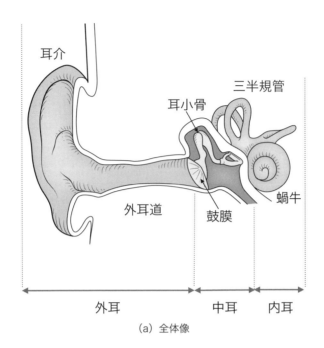

(a) 全体像

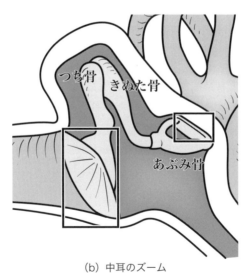

(b) 中耳のズーム

図 4.2-1：「専門的な意味での耳」の構造。

由も答えなさい。

．．．．．．．．．．．．．．．．．．．．．．．．．．．．．．．．．．．．．．．

　耳の穴から「鼓膜」までの空間は「外耳道」と呼ばれる。外耳道では3.3節で解説したような共鳴が起こり、言語音の知覚に重要な周波数帯のエネルギーが増幅される。外耳道の終わりにある「鼓膜」は、外から来る空気の振動（音）を受けて振動する。

　鼓膜の奥の「中耳」は、図4.2-1（b）で示しているように、「外耳と内耳をつなぐ役割」を担っている。中耳は、「耳小骨」という三つの小さな骨から成り、外側から順に「つち骨」「きぬた骨」「あぶみ骨」と呼ばれ、テコの形をしている。ここで注目すべき点は、つち骨が鼓膜と触れ合っている面積（大きな四角の部分）は、あぶみ骨が内耳と触れ合っている面積（小さな四角の部分）よりもかなり大きいということである。この構造によって、鼓膜から入ってきた振動が内耳の小さな面積に集約され、その結果、あぶみ骨が内耳に伝える音圧は20倍以上にも増幅される[1]。

　「内耳」は、カタツムリの形をしている「蝸牛」と、平衡感覚を司る「三半規管」を含む。この蝸牛を（実際にはできないが）引き伸ばして、内部にある「コルチ器」の断面構造をズームすると、図4.2-2のような形になる。コルチ器の中は液体で満たされており、「基底膜」の上に「有毛細胞」という細胞が並んでいる。さらに有毛細胞の上には、もう一枚天井のような「覆い幕」という膜が存在している。中耳から振動が伝わってきて、コルチ器の液体が波打つと、基底膜も波打ち、有毛細胞が上下に揺れて、覆い幕にあたる。この接触によって、振動が電気信号に変換され、脳へと送られる。お風呂のお湯の上にレジャーシートを浮かべ、その上におもちゃを置き、ふたを閉めた情況を想像してほしい。お風呂のお湯が波打つと、おもちゃは上下し、ふたにあたる。「レジャーシート＝基底膜」「おもちゃ＝有毛細胞」「ふた＝覆い幕」である。

　有毛細胞は多数存在するが、驚くべきことに、それぞれの有毛細胞は、

ある特定の周波数にのみ反応することが分かっている。この仕組みによって、内耳に入ってきた音がどのような周波数成分を持っているかが感知される。音を周波数成分に分解するということは、「フーリエ変換」を行っているということであり（3.2.5 節）、その意味で、人間は内耳でフーリエ変換を行っている。また、蝸牛を縦に割って見てみると有毛細胞同士の距離は全て等間隔ではなく、低い周波数を感知する有毛細胞ほど細かく並んでいる。つまり、有毛細胞同士の距離は対数的であり（図 3.2.4-1、P.111）、人間が内耳で音を認識する時には、周波数が対数的に認識されているのである。

本節では、色々細かいことを述べたが、音を聞きとる際、外耳道で共鳴が起こり、中耳で大きさが増幅され、内耳で周波数が対数変換されていることくらいを理解しておけば、音声学の基礎としては十分かもしれない。

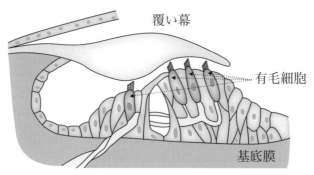

図 4.2-2：コルチ器の内部。

❶ 進化論にもとづくと
　進化論的には、耳小骨はもともと顎の関節だったという。ワニは獲物の動きを捉えるために顎を床につけて獲物の振動を感知する。この振動を鋭く感知するメカニズムが進化したものが耳小骨であり、今、私たち人間が音声を聞く道具として使っていると考えると、非常に興味深い。

知覚音声学

　ちなみに、有毛細胞は加齢によって死んでしまうと復活することはなく、現在の医療技術をもってしても再生させることはできない[2]。高齢になると高周波数帯にエネルギーを持つ摩擦音や無声化した母音が聞き取りにくくなるのは、高周波数を感知する有毛細胞から先に死んでいくからである[3]。また、大きな音を聞くと、有毛細胞が覆い幕にくっついてしまい、もとの位置に戻る時に傷ついてしまう。実は、地下鉄の音程度でも有毛細胞は傷つく可能性がある。人間は生活の中で日々「大きな音」を聞いており、加齢とともに聴力が衰えてしまうのは、現代の都市社会において不可避なことと言えるかもしれない。

　以上、専門的な意味での耳の構造を見てきたが、最後に「内耳（英語で cochlea）が聞いている音」をグラフで表す「コクリアグラム」を紹介しよう。スペクトログラムが、ある音の音響情報を表すのに対して、「コクリアグラム」は「その音響情報を内耳がどのように聞いているか」を計算して表示する。音の大きさを dB を用いて対数的に表すように（3.2.4 節）、コクリアグラムでは内耳の性質を反映して音の周波数も対数的に表す。周波数の対数的表示法にはいくつか種類があるが、音声学では「バーク」という単位が用いられることが多い。図 4.2-3 は、[oi] のコクリアグラムとスペクトログラムである。

　[oi] は、中母音から高母音に変化するので、第一フォルマントは [i] に向けて下降する（3.4.1 節）。しかし、第一フォルマントの下降を図 4.2-3 (b)のスペクトログラムで観察するのは難しい。一方、コクリアグラムを使うと、この第一フォルマントの下降がはっきりと観察される。これは、コクリアグラムでは周波数が対数的に表され、低い周波数帯での動きが強調されるからである（3.2.4 節参照）。このコクリアグラムの性質は、「人間は音を知覚する際、低い周波数帯での変化を敏感に感じとる」という事実を反映している。

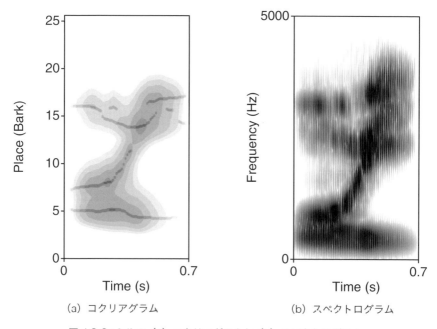

図 4.2-3：[oi] の（a）コクリアグラムと（b）スペクトログラム。

2 難聴について

「難聴」とは、音の聞こえに問題がある障害である。難聴には、全く聞こえない場合と、少し聞こえているものの、聞こえる音の大きさが十分でない場合がある。外耳道や中耳に問題がある難聴は「伝音性難聴」、内耳に障害がある難聴は「感音性難聴」と呼ばれる。現在の医学では有毛細胞を人工的に作成して移植する技術はないので、感音性難聴には主に「人工内耳」を用いて対応するしかない。しかし近年、人工内耳の技術はめざましい進化をとげており、非常に性能が良いものが開発されている。

3 高周波数でたむろ防止

加齢とともに、人間は高周波数の音がどんどん聞こえなくなる。聞き取れる周波数の範囲は生まれた時が一番広く、小学生の方が中学生よりも聞き取れる範囲が広い。実際に、コンビニの前に若者たちがたむろするのを防ぐために、その年齢層にだけ聞こえる高周波数の音を流したという事例もある。

知覚音声学

4.3 音響から知覚へ

聴覚のメカニズムを理解したところで、次に、人間が様々な音声の音響情報をどのように知覚しているか学んでいこう。音響音声学の章では、どのような調音がどのような音響情報に変換されるか学んだが、本節では、人間が「どのような音響情報をどのように知覚するか」見ていく[1]。この節も細かい話が多く出てくるが、暗記しようとせず、音響の章を復習しながらじっくり取り組もう。

まず、どのような音響情報をどの母音として知覚するかについては、「フォルマントの値だけで正確な母音の知覚ができるのか、それともフォルマント情報に加えてより詳細なスペクトル情報も必要なのか」という問題が昔から議論されてきている[2]。母音の知覚には、フォルマントの値だけでなく、他のスペクトル情報も関わっているという主張もあり[3]、意見が分かれるところである。しかし、「フォルマントの値が母音の知覚に必須である」ことは間違いないので、本節では「フォルマントと母音の知覚の関係」に焦点を絞って見ていくことにしたい。

まず、[e] vs. [o] や [i] vs. [u] のような前舌母音と後舌母音の知覚に重要な音響要素は「第二フォルマント」である。音響の 3.4.1 節で確認したように、前舌母音は第二フォルマントが高く、後舌母音は第二フォルマントが低い（図 4.3-1）。よって、私たち人間は高い第二フォルマントを持つ母音を聞くと前舌母音だと知覚し、低い第二フォルマントを持つ母音を聞くと後舌母音だと知覚する。

次に、高母音・中母音・低母音の知覚に重要な音響要素は「第一フォルマント」である。3.4.1 節で見た通り、母音の「舌の高低」と「第一フォルマントの高さ」は反比例する。例えば、[a] は第一フォルマントが高く、[u] は第一フォルマントが低い。よって、人間は低い第一フォルマントを持つ母音を聞くと高母音だと知覚し、高い第一フォルマントを持つ母音を聞くと低母音だと知覚する。しかし、高母音・中母音・低母音の知覚には、第一フォルマントに「基本周波数（f0）」を加味して、「第

194

4.3 音響から知覚へ

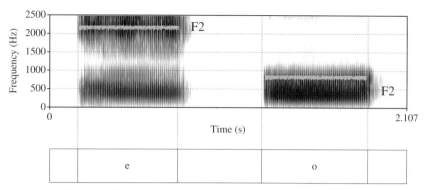

図 4.3-1：前舌母音と後舌母音における第二フォルマントの違い。

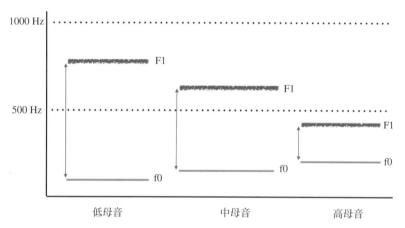

図 4.3-2：第一フォルマント（F1）、基本周波数（f0）、F1－f0。

---

(1) Wright, R. A., Frisch, S. A., & Pisoni, D. B. (1999) Speech perception. In Webster, J. G. (ed.) Wiley encyclopedia of electrical and electronics engineering. New York: Wiley. pp. 175-195.
Wright, R. A. (2004) A review of perceptual cues and cue robustness. In Hayes, B., Kirchner, R., & Steriade, D. (eds.) Phonetically based phonology. Cambridge: Cambridge University Press. pp. 34-57

(2) Klein,W., Plemp, R., & Pols, C.W. (1970) Vowel spectra, vowel spaces, and vowel identification. Journal of the Acoustical Society America 48: 999-1009.
Lindblom, B. (1986) Phonetic universals in vowel systems. In Ohala, J., & Jaeger, J. (eds.) Experimental phonology. Orlando: Academic Press. pp. 13-44.

(3) Bladon R.A., & Lindblom, B. (1970) Modeling the judgement of vowel quality differences. Journal of the Acoustical Society America 69: 1414-1422.

(4) Diehl, R., & Kluender, K. (1989) On the objects of speech perception. Ecological Psychology 1: 121-144.

一フォルマントから基本周波数を引いた値（F1−f0）」を考慮すべきだという主張もある（図4.3-2）[4]。一般的に、基本周波数は高母音で一番高く、低母音で一番低い。高母音・中母音・低母音を比べると、F1−f0による違いは第一フォルマントのみの違いよりも大きくなる。例えば、高母音・中母音・低母音の第一フォルマントの値を、それぞれ800 Hz、600 Hz、400 Hz、基本周波数の値を160 Hz、180 Hz、200 Hzとすると、F1−f0は640 Hz、420 Hz、200 Hzとなる。よって高母音・中母音・低母音の「第一フォルマントのみを考慮した差＝200 Hz」に対し、「F1−f0の値＝220 Hz」となり、母音間の差が強調される。3.4.1節でも述べたように、私たちは聞き間違いを最小にするシステムを用いて発音している可能性が高い。

　次に子音の調音点や調音法の知覚に移ろう。まず、[p] vs. [t] vs. [k] など破裂音の調音点の知覚に重要なのは「破裂のスペクトル」と「フォルマント遷移」である（3.4.4節）。[p]、[p]、[p] や [k]、[k]、[k] というように、閉鎖音の破裂部分だけを発音してみよう。破裂音の調音点はフォルマント遷移がなくとも破裂の情報だけから、かなり正確に知覚できることが分かるだろう[5]。しかし、英語の *cap* の語末の [p] や *cat* の語末の [t] では開放が起こらず、破裂の情報がないにもかかわらず、調音点が正確に聴者に伝わることも事実である。これはつまり、フォルマント遷移の情報からだけでも調音点の知覚が可能であることを示している。

　では、破裂のスペクトルとフォルマント遷移とでは、どちらがより重要なのか？　それはフォルマント遷移である。破裂の情報とフォルマント遷移の情報が矛盾するような音は自然界には存在しないが、例えば、破裂のスペクトルは [p] でフォルマント遷移のパターンが [t] であるような音を人工的に作って人間に聞かせてみる。すると、その音は [t] だと知覚される傾向にあることが分かっている[6]。

　では、摩擦音の調音点の知覚はどうであろうか。摩擦音の調音点の知覚に重要なのは、「摩擦スペクトルの周波数特性」（3.4.3節）である。例えば、[sssss] と [çççç] のように摩擦音単体だけ聞いても調音点を知覚

4.3 音響から知覚へ

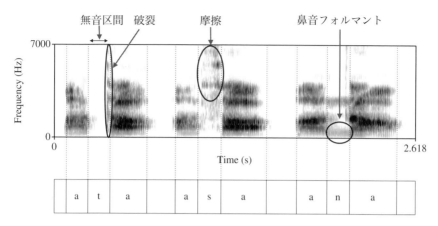

図 4.3-3：破裂音、摩擦音、鼻音。

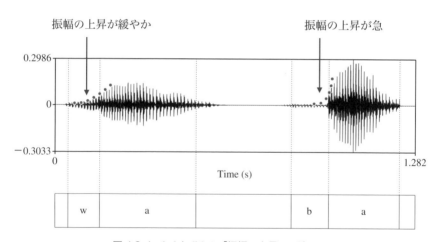

図 4.3-4：[w] と [b] の「振幅の上昇」の違い。

---

(5) Stevens, K., & Blumstein, S. (1978) Invariant cues for place of articulation in stop consonants. Journal of the Acoustical Society of America 64: 1358-1368.
(6) Walley, A. C., & Carrell, T. D. (1983) Onset spectra and formant transitions in the adult's and child's perception of place of articulation in stop consonants. Journal of the Acoustical Society of America 73: 1011-1022.

できるのは、これらの摩擦音のスペクトルの周波数特性が異なるからである。しかし、破裂音と同様に、摩擦音の調音点の知覚にはフォルマント遷移も重要な役割を担っている。摩擦音の調音点に関しても、摩擦のスペクトルの周波数特性とフォルマント遷移のどちらがより重要なのかが気になる人もいるだろう。ある研究によれば、日本語話者は英語話者に比べてスペクトル情報をより重視するというが[7]、この問題については、他の言語も含め、現在も活発に議論がなされている[8]。

[m] vs. [n] のような鼻音の調音点の知覚に関しては、どの周波数帯にアンチフォルマント（3.4.6 節）が存在するかが重要となる[9]。しかし、アンチフォルマントだけで鼻音の調音点の知覚が正確にできるかと言うと、そうでもない。[mmmm] と [nnnn] だけを聞いて、どちらが [m] でどちらが [n] か判断するのは意外に難しい。これは、実際のコミュニケーションの場面では、周りに雑音が発生していることが多いからである。アンチフォルマントとはすなわち「エネルギーの減衰部分」であるが、周囲に雑音があると、エネルギーがない部分が雑音によって埋められてしまい、アンチフォルマントがどの周波数帯に存在するか分からなくなってしまう。よって、破裂音や摩擦音の場合と同様に、鼻音の調音点を知覚するためにはフォルマント遷移が重要な手がかりとなる。総じて、破裂音であっても摩擦音であっても鼻音であっても、調音点の知覚におけるフォルマント遷移の役割は非常に大きい。

次に、子音の調音法の知覚を見てみよう。第 3 章で確認した通り、無声破裂音は「無音区間」と「破裂」、摩擦音は「摩擦」、鼻音はとても低い周波数帯に「鼻音フォルマント」を持つ。復習になるが、これらの音響特徴を図 4.3-3 に示す。これらの音響特徴は非常に特徴的であり、どのような音響情報が調音法の知覚的手がかりになっているかは比較的明白である。

[w] vs. [b] のような「半母音」と「有声閉鎖音」では、知覚的に区別がつきにくい場合もある。それは、どちらも有声音であり、有声閉鎖音は空気力学的な問題（2.8.2 節）から破裂が弱い場合もあるからである。

4.3 音響から知覚へ

[w] vs. [b] を比べると、次に続く母音へ振幅の上昇が緩やかなのが [w]、急なのが [b] である（図 4.3-4）。実際に [b] の閉じの開放後の母音への振幅の上昇を人工的に緩やかにすると、[w] と知覚されることが分かっている [10]。

　最後に、[p] vs. [b] のような有声性の知覚に関しては、「VOT」「周りの母音の基本周波数や第一フォルマント」など、様々な音響情報が知覚に影響を与えることが知られている（有声性の音響に関しては 3.4.8 節を参照）。また、これらのスペクトル情報に加え、子音の長さ自体も大事な知覚的な要素とされる。例えば、[t] や [s] の音を人工的に短くすると、[d] や [z] と知覚されてしまうことがある。こと有声性の知覚に関しては様々な音響的情報がかかわっており、どのように有声性が知覚されるのか、どの音響情報が特に重要なのかについては、現在も活発な議論が続いている [11]。

---

[7] Li, F., Munson, B., Edwards, J., Yoneyama, K., & Hall, K-C. (2011) Language specificity in the perception of voiceless sibilant fricatives in Japanese and English: implications for cross-language differences in speech-sound development. Journal of the Acoustical Society of America 129: 999-1011.

[8] Wagner, A., Ernestus, M., & Cutler, A. (2006) Formant transitions in fricative identification: the role of native fricative inventory. Journal of the Acoustical Society of America 120: 2267-2277.

[9] Repp, B. (1986) Perception of the [m]-[n] distinction in CV syllables. Journal of the Acoustical Society of America 79: 1987-1999.

[10] Diehl, R., & Walsh, M. (1989) An auditory basis for the stimulus-length effect in the perception of stops and glides. Journal of the Acoustical Society of America 85: 2154-2164.

[11] Abramson, A. & Lisker, L. (1985) Relative power of cues: F0 shift versus voice timing. In Fromkin, V. (ed) Phonetic linguistics: essays in honor of Peter Ladefoged. Orlando: Academic Press. pp. 25-33.
Kingston, J., & Diehl, R. (1995) Intermediate properties in the perception of distinctive feature values. In Connell, B., & Arvaniti, A. (eds.) Phonology and phonetic evidence: papers in laboratory phonology IV. Cambridge: Cambridge University Press. pp. 7-27.
Kingston, J., Diehl, R. L., Kirk, C. J., & Castleman, W. A. (2008) On the internal perceptual structure of distinctive features: the [voice] contrast. Journal of Phonetics 36: 28-54.

●●●●● 知覚音声学

4.4 カテゴリー知覚

　1950年代後半から、人間音声の音響情報を物理的に分析する手法が開発され、そのおかげで「人工的な音を作る」ことや「二つの音を人工的に混ぜる」ことが可能になった。この技術革新に伴い、知覚音声学の研究は活発化し、人間の音声知覚の様々な特徴が発見されるようになった。その中の一つに、「カテゴリー知覚」がある[12]。カテゴリー知覚とは一言で言うと、「人間は音声を聞く時に、大まかなカテゴリーに分類して知覚する」ということである。

　例えば、VOTを人工的に操作することで、[k]から[g]に少しずつ変化する連続体を作る。この連続体は①「k 100%、g 0%」②「k 90%、g 10%」③「k 80%、g 20%」④「k 70%、g 30%」…⑨「k 20%、g 80%」⑩「k 10%、g 90%」⑪「k 0%、g 100%」というような、人工的に二つの音を混ぜて作った音として考えて良い。このような音①から⑪を順不同にして聴者に聞かせ、それぞれの音が[k]か[g]か判断させると、聴者の[k]回答率は図4.4-1の実線のようにS型の曲線を描く。ここで興味深いのは、音の物理的な変化は図4.4-1の点線のように直線的であるにもかかわらず、知覚の変化は直線的ではないということである。ある一定のところ（例えば①から⑤）までの音は[k]と知覚され、ある一定のところ（例えば⑥から⑪）からは[g]だと知覚される。人間は音を聞く際、大きなカテゴリーに分類して聞いており、「[k]と[g]の中間の音」というような知覚はしないということである❹。

　人間の音声知覚においてカテゴリー知覚が起こっているという仮説は、「『同定課題』の実験と『弁別課題』の実験の結果間に相関が見られる」ということからも示唆される。「同定課題」とは、聴者に「聞こえてきた音が何か」を判断してもらう実験で、前に述べた図4.4-1の実験も同定課題の実験の結果である。「弁別課題」には色々な種類があるが（4.5節）、最もシンプルな弁別課題では、二つの音（例えば、図4.4-1の①と③の音）を聴者に聞かせ、その音が「同じか、違うか」を判断してもらう。同

定課題と弁別課題の実験を行うと、その結果間には図 4.4-2 のような相関が見られる[13]。注目すべきは、実線が急激に落ちこむ地点（⑤ vs. ⑦）で、弁別課題の正答率（⟵⟶）が最も高くなるという点である。

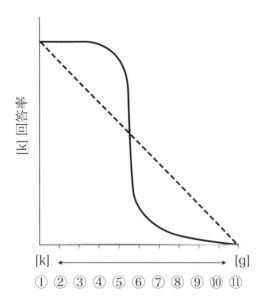

図 4.4-1：カテゴリー知覚。物理的変化（点線）と心理的な反応（実線）。

❹ コーヒー牛乳とカテゴリー知覚

カテゴリー知覚を理解するために、こんな状況を考えてみよう。「[k] ＝コーヒー、[g] ＝牛乳」として、この二つを混ぜた飲み物を作る。それを飲んだ人は「コーヒーを飲んだ」あるいは「牛乳を飲んだ」としか思わないというのが、カテゴリー知覚である。カテゴリー知覚においては、「コーヒー牛乳」という知覚は生じず、「牛乳少なめのコーヒー」と「牛乳多めのコーヒー」などという知覚も起こりえないということになる。

---

(12) Liberman, A.M., Harris, K.S., Kinney, J.A., & Lane, H. (1961) The discrimination of relative onset-time of the components of certain speech and nonspeech patterns. Journal of Experimental Psychology 61: 379-388.

(13) Liberman, A. M., Harris, K. S., Hoffman, H. S., & Griffith, B. C. (1957) The discrimination of speech sounds within and across phoneme boundaries. Journal of Experimental Psychology 54: 358-68.

この結果をカテゴリー知覚の観点から考えてみよう。①「k 100%、g 0%」の音と③「k 80%、g 20%」の音はどちらも [k] として知覚され、①と③の音の弁別正答率は低くなる。同様に⑨「k 20%、g 80%」の音と⑪「k 0%、g 100%」の音はどちらも [g] として知覚されるので、これらの音の弁別正答率も低くなる。一方で、⑤「k 60%、g 40%」の音と⑦「k 40%、g 60%」は、⑤が [k] として認識され、⑦が [g] として認識されるため、弁別正答率は高くなる。つまり、私たちが弁別を行う際にも [k] や [g] といったカテゴリーを使っていることになる。以上のように、同定課題と弁別課題の結果には相関が見られることから、人間の音声知覚がカテゴリー知覚にもとづいていると言われてきた。

「『弁別能力』が『同定能力』に依存する」、つまり「二つの音が別の音として知覚（同定）されない限り、弁別することはできない」という観察は古くからなされてきた。ただ、最近の研究では、実験の仕方によっては、「同定できなくても弁別はできる」ことも分かってきている（詳しくは 4.5 節参照）。

カテゴリー知覚が発見された当初は、「カテゴリー知覚は人間に特有で、かつ言語に特有なものである」という論調が強かった。しかし、ねずみの仲間のチンチラや日本うずら（鳥の一種）などを使った実験で、動物もカテゴリー知覚を示すことが分かってきたため、「人間に特有である」という説は薄れてきている[14]。また母音の連続体を使うとカテゴリー知覚が起こらないことも指摘され[15]、さらに非言語音でもカテゴリー知覚が起こることが示されるに至って、カテゴリー知覚が「言語に特有である」という説も、もはや説得力を失っている[16]。また、第二言語の知覚ではカテゴリー知覚が起こりにくいことも分かっている[17]。しかし、カテゴリー知覚の存在そのものが否定されたわけではない。よって、「どのような条件下でカテゴリー知覚が起こるのか」「それはなぜか」「カテゴリー知覚の本質とは何か」などの問題は、現在も知覚音声学の研究の中心的な課題となっている。

4.4 カテゴリー知覚

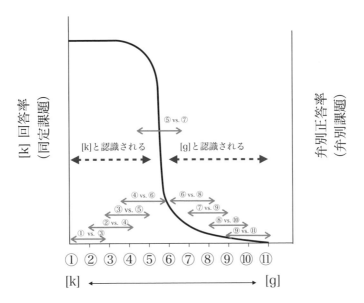

図 4.4-2：同定課題の結果と弁別課題の結果の関係。

---

(14) Kuhl, P. K. (1981) Discrimination of speech by nonhuman animals: basic auditory sensitivities conductive to the perception of speech-sound categories. Journal of the Acoustical Society of America 95: 340-349.
Kuhl, P. K., & Miller, J. D. (1978) Speech perception by the chinchilla: identification functions for synthetic VOT stimuli. Journal of the Acoustical Society of America 63: 905-917.
(15) Fry, D. B., Abramson, A. S., Eimas, P. D., & Liberman, A. M. (1962) The identification and discrimination of synthetic vowels. Language and Speech 5: 171-189.
(16) Pisoni, D.B. (1977) Identification and discrimination of the relative onset time of two component tones: implications for voicing perception in stops. Journal of the Acoustical Society of America 61: 1352-1361.
(17) Burnham, D. K., Earnshaw, L. J., & Clark, J. E. (1991) Development of categorical identification of native and non-native bilabial stops: infants, children and adults. Journal of Child Language 18: 231-260.

●●●●● 知覚音声学

4.5 様々な知覚実験方法と信号検出理論

　前節で見た通り、音声学の知覚研究では様々なタイプの実験が行われる。自分で実験を行う際にも、知覚音声学の論文を読む際にも、どのような方法で音声知覚実験が行われるのか理解しておくことが非常に重要となる。よって、本節では、様々な知覚実験の方法を確認しておこう。この節の解説も暗記しようとはせず、自分で実験を行う場合や人の実験報告を読む時の参考資料として使ってほしい。

　まず、知覚実験は、大きく「同定課題」と「弁別課題」に分けられる。「同定課題」の実験には二種類あり、一つ目は4.4節ですでに解説した通り、聴者❺に音を一つだけ聞かせて「聞こえた音が何か」判断させる実験である。

　同定課題の実験のもう一つの方法は、二つの音［A］と［B］を、［A-B］の順番か［B-A］の順番で聴者に聞かせ、「［A-B］の順番で音が聞こえたか、［B-A］の順番で音が聞こえたか」判断させるものである。この二つの音を提示して順番を問う方法は「二択強制選択法 (2 *Alternative Forced Choice*; 2AFC)」と呼ばれる。これは「一つの音を聴者に聞かせて、その音を二択で判断させる実験」では<u>ない</u>。専門家でもこの点について勘違いをしている人がいるので、注意してほしい。

　音声学では、ベルの音や純粋な正弦波などの「非言語音」を人間がどのように知覚するかについても盛んに研究がなされているが、非言語音を使った実験では、同定課題は行いにくい。なぜなら、同定課題は聴者がその音の名前を知っている前提で行われるが、非言語音だとその前提が成り立たないからである。非言語音の知覚実験を行う場合には、「弁別課題」の方が行いやすい。

　「弁別課題」の実験にも様々なタイプの実験がある。最も簡単なのは、「Ａ Ｘ 法」
エーエックスほう
と呼ばれるもので、聴者に［A-A］、［A-B］、［B-A］、［B-B］の四種類の音のペアを聞かせ、それぞれのペアに含まれる二つの音が「同じか、違うか」を判断させるものである。この実験の長所は、「同じか、違

204

うか」だけ判断すれば良いため、聴者が［A］や［B］の音の名前を知らなくても実験を行えることにある。ただし［A］と［B］の音が似ていると、聴者がほとんど全てのペアを同じと判断してしまうという欠点がある。

　また、「AX法」と同様によく用いられる弁別課題の実験に「ＡＢＸ
法」がある。この実験では、［A-B-A］と［A-B-B］という二種類の「音の連鎖」を聴者に聞かせ、聴者は「最後の音が [A] と同じか、[B] と同じか」を判断する。この実験では、音と音の間にどれくらいの間（刺激時間間隔）を取るかによって結果が変わることが多いので、刺激時間間隔の設定に注意が必要である。また、ABX 法と似たような実験には、「真ん中の音が［A］の音か、［B］の音か」を問う「AXB 法」や「最初の音が［A］の音か［B］の音か」を問う「XAB 法」などもある。

　弁別課題の中でも最も複雑な実験方法は「4 Interval AX; 4IAX 法」であり、この実験方法では、聴者に［A-B—A-A］、［A-A—A-B］、［B-A—A-A］、［A-A—B-A］というような「音の連鎖」を聞かせ、「前の二つの音のペアと後ろの二つの音のペアのうち、違う音で構成されるペアはどちらか」を判断させる。例えば、［A-B—A-A］では「前のペアが違う」と答えるのが正解で、［A-A—A-B］では「後ろのペアが違う」と答えるのが正解となる。この実験方法で知覚実験を行うと、聴者が音をカテゴ

---

5 被験者？ 聴者？ 実験参加者？

　この章では、実験に参加する人のことを「聴者」と表現している。なぜ「被験者」という単語を使わないのかと言うと、「被験者」には「被害を被っている」というニュアンスがあり、この単語を避けようという運動が心理学や音声学の分野一般で広まっているからである。よって、「自由意志で実験に参加している人」という意味で「実験参加者」と呼んだり、「話者」や「聴者」という単語を使用する方が良い。英語でも、*subjects* という単語を避け、*participants* や *speakers*、*listeners* を使うことが推奨されている。自分で論文を書く時も意識すると良い。

⒅　Gerrits, E., & Schouten, M.E.H. (2004) Categorical perception depends on the discrimination task. Perception & Psychophysics 66: 363-376.

知覚音声学

リーに分類することなく弁別できてしまうことが分かっている[18]。結果として、他の実験方法で起こりやすいカテゴリー知覚が、この実験方法では起こりにくくなる。

•••••••••••••••••••••••••••••••• 練習問題1 ••••••••••••••••••••••••••••••••

　過去に自分で知覚実験を行ったことがある人は、どの方法で行ったか確認しなさい。また、同じ実験を別の方法で行うとしたらどうすれば良いか、具体的に考えなさい。

••

　次に、知覚実験の結果の分析方法を見ていこう。知覚実験結果の分析には「信号検出理論」が非常に有用である。信号検出理論は、もともとはレーダーがミサイルを検出する際の正確性を測るための理論として発達したが、現在では音声学の知覚実験の分析にも欠かせない理論となっている。

　レーダーがミサイルを検出する際、考えられる失敗には二種類ある。一つは「実際にはミサイルが来ているのに、ミサイルが来ていない」と判断してしまう失敗で、もう一つは「実際にはミサイルが来ていないのに、ミサイルが来ている」と判断してしまう失敗である。この二種類の失敗は、内容的に全く異なる。

•••••••••••••••••••••••••••••••• 練習問題2 ••••••••••••••••••••••••••••••••

　この二種類の失敗の結果どうなるか、考えなさい。また、統計学を習ったことがある人は、それぞれの失敗が「第一種過誤」と「第二種過誤」のどちらに対応するか、答えなさい。

••

　では、この信号検出理論は、知覚実験の結果分析に具体的にどのように用いられるのだろうか。例えば、[t] と [d] の同定実験に信号検出理論をあてはめると、それぞれの音に対する反応は、表 4.5-1 のようにまとめ

4.5 様々な知覚実験方法と信号検出理論

られる。この結果の分析を行う際、一見実際に聞こえてきた音が[t]で、それに対して[t]と正しく反応するHitの確率だけを気にすれば良いように思われるかもしれない。ある意味ではHitも正解率なのだが、Hitだけを考えても、それは「本当の意味での正解率」を計算したことにはならない。

反応＼実際	[t]	[d]
[t]	Hit	False Alarm
[d]	Miss	Correct Rejection

表 4.5-1：信号検出理論で用いられる「シナリオ」。

•••••••••••••••••••••••••••••• 練習問題3 ••••••••••••••••••••••••••••••

　なぜHitだけを考慮しても「本当の意味での正解率」を計算したことにならないのか、答えなさい。

　　ヒント：極端な例として、全ての音に対して[t]と答えた場合Hitの値がどうなるか、考えなさい。

•••

　「実際には[d]を聞いているのに、[t]と反応してしまう」という失敗はFalse Alarm（FA）と呼ばれ、「実際には[t]を聞いているのに、[d]と反応してしまう」失敗はMissと呼ばれる。聴者が「本当の意味での正解率」を高めるには、MissとFAの両方を減らさなければならない。Missの確率はHitの確率と反比例するので、Missを減らすということはHitを上げるということにほかならない。つまり「Hitの確率が高く、かつFAの確率が低い」時に「本当の意味での正解率が高い」と言えるのである。このHitとFAの両方を考慮に入れた「本当の意味での正解率」の指標は「感度」と呼ばれ、その単位には d'（ディープライム）が用いられる。

　実際の信号検出理論における d' の計算方法は少し複雑なので、以降の解説は興味がある人だけ読んでほしい。まず d' を計算するためには、HitとFAを確率として考える必要がある。すると、Hitは「実際に信号が来

207

ている状況で、何％の確率で信号を検知できたか」、FAは「実際には信号が来ていない状況で、何％の確率で信号が来ていると誤認してしまったか」となる。これらの確率を平均0、標準偏差1の正規分布を使って正規化（z変換）し、$z(\mathrm{Hit}) - z(\mathrm{FA})$を求めると、$d'$が得られる。

•••••••••••••••••••••••••••••• 練習問題4 ••••••••••••••••••••••••••••••

$z(\mathrm{Hit}) - z(\mathrm{FA})$を使って、表4.5-2から表4.5-4の三つのレーダーのd'を求めなさい。z変換はExcelのnormsinv関数を使うと簡単である【xlsファイルあり】。

••

表4.5-2から表4.5-4の三つのレーダーのd'は、それぞれ2.50、0.99、0.99である。レーダー1は、Hitが96％、FAが23％であり、他の二つのレーダーに比べて感度が良い。レーダー2はFAが50％と高く、レーダー3はHitが50％と低いことから、レーダー1よりも性能が低いことが分かるだろう。

次に、レーダー2とレーダー3を比べると、「感度は同じ」である。レーダー2はHitが84％と高いが、FAも50％と高い。レーダー3はHitが50％しかないが、FAも16％と低い。つまり、レーダー2とレーダー3には「感度の違い」はなく、全体としてどれだけの割合で信号が来ているとみなすかの「傾向の違い」があるということになる。レーダー2は「信号が来ている」とみなす傾向があり、レーダー3は「信号が来ていない」とみなす傾向にある。このような傾向のことを信号検出理論では「バイアス」と呼び、$-1/2(z(\mathrm{Hit}) + z(\mathrm{FA}))$で計算し、$c$で表す。この値が高ければ高いほど「できるだけ信号なしと判断する」というバイアスがかかることになる。

•••••••••••••••••••••••••••••• 練習問題5 ••••••••••••••••••••••••••••••

表4.5-2から表4.5-4の三つのレーダーのcを求めなさい【xlsファイ

4.5　様々な知覚実験方法と信号検出理論

ルあり】。

●●●

　表 4.5-2 から表 4.5-4 の三つのレーダーの c は、-0.5、-0.5、0.5 である。つまり、レーダー 1 とレーダー 2 では、c は同一でありながら d' が異なる。レーダー 2 とレーダー 3 では、d' は同一でありながら c が異なる。

反応＼実際	信号あり	信号なし
反応あり	96	23
反応なし	4	77
計	100	100

表 4.5-2：レーダー 1。

反応＼実際	信号あり	信号なし
反応あり	84	50
反応なし	16	50
計	100	100

表 4.5-3：レーダー 2。

反応＼実際	信号あり	信号なし
反応あり	50	16
反応なし	50	84
計	100	100

表 4.5-4：レーダー 3。

　様々な知覚実験により、人間の知覚判断において「感度」と「バイアス」は独立しており、一方の変化がもう一方の変化につながるとは限らないことが確かめられている。信号検出理論が音声学の分析に有用な理由の一つは、この「感度」と「バイアス」を独立の指標を使って計算できることにある。

　信号検出理論にはもう一つ大きな利点がある。本節で紹介した「同定課題」「AX 法」「ABX 法」などにおける d' の計算方法が、「心理物理学」という研究の積み重ねによって確立されているのである。例えば、提示された一つの音を判断する単純な同定課題と、提示された二種類の音のペアの順番のみを判断する二択強制選択実験とでは、後者の方が簡単である。信号検出理論を使えば、二択強制選択実験の実験方法で得られた d' を 2 の平方根で割って補正をかけることで、同定課題の結果と比べることができるようになる。このように、異なる方法で行われた実験の結果を比べたい時には、信号検出理論が非常に有効なツールとなる[19]。

---

[19]　Macmillan, N., & Creelman, D. (2005) Detection theory: a user's guide. 2nd edition. Mahwah: Lawrence Erlbaum Associates Publishers.

知覚音声学

4.6　知覚バイアス

　カテゴリー知覚に加えて、様々な知覚実験によって明らかになってき
た人間の音声知覚の重要な特徴のもう一つに、「知覚バイアス」がある。
知覚バイアスの存在は様々な現象から示唆される。まずは実験者の名前
をとって「ギャノン効果」として知られている最も有名な現象から紹介
しよう。

　ある実験で、[k] から [g] に変化する連続体を作成し、この連続体を *ift*
という音の前と *iss* という音の前に置いたところ、図4.6-1 のように、*iss*
という音の前で [k] と知覚される確率が上がった [20]。*ift* の前に置いた音
と *iss* の前に置いた音は物理的に同じであるにもかかわらず、*iss* の前に
来ると [k] と知覚されやすく、*ift* の前では [g] と知覚されやすいという
ことである。これは、英語には *kiss* という単語は存在するが *giss* という
単語は存在せず、逆に *gift* という単語は存在するが *kift* という単語は存
在しないためだと考えることができる。この実験結果は、「私たちはある
音の知覚が定かでない場合、その音を、知っている単語の一部であるか
のように解釈する」ということを物語っている。

• 練習問題1 •

　[t] から [d] への連続体を作り、*ask* と *ash* の前に置いた場合、どのよ
うな結果が得られるか、ギャノン効果の観点から答えなさい。また、日
本語を使ってギャノン効果を検証するためには、どのような刺激を使え
ば良いか考えなさい。

• •

　次に紹介する現象は、ギャノン効果の実験の延長で発見されたもので
ある。[k] から [g] に変化する連続体を *oat* の前と *ave* の前に置いて知覚
のパターンを調べた結果、英語話者は *ave* の前より *oat* の前で [k] だと
知覚する確率が高いことが分かった [21]。英語では、*coat*、*goat*、*cave*、

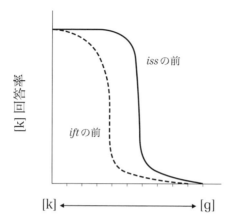

図 4.6-1：ギャノン効果。

gave 全て実在する語であるが、実際の発話のデータベースを調べてみると、*coat* の方が *goat* よりも多く使われており、*gave* の方が *cave* よりも多く使われている。ここから言えることは、「人間の音声知覚は、より多く使われる単語に引っ張られる傾向にある」ということである。

知覚バイアスは、日本人を対象にした実験でも確認されている。例えば、フランス人に [ebuzo] や [abuge] のような無意味語を発音させ、そこから真ん中の母音 [u] を少しずつ人工的に削除して母音の長さが違う音声をいくつか作成する。その連続体を日本人とフランス人に聞かせて、真ん中に母音 [u] があるかないか判断させると、図 4.6-2 のような結果が得られる。フランス人は母音 [u] の区間が短ければ短いほど「母音 [u]

---

(20) Ganong, I. W. F. (1980) Phonetic categorization in auditory word perception. Journal of Experimental Psychology: Human Perception and Performance 6: 110-125.
(21) Connine, C. M., Titone, D., & Wang, J. (1993) Auditory word recognition: extrinsic and intrinsic effects of word frequency. Journal of Experimental Psychology: Learning, Memory and Cognition 19: 81-94.

がない＝ [ebzo] や [abge]」と知覚する確率が上がる。それに対して日本人は、母音 [u] が短くなっても、そして母音 [u] が全く存在しなくなっても、「母音 [u] がある＝ [ebuzo] や [abuge]」と知覚してしまう傾向にある。この実験結果は、日本語では「原則的に子音の後には母音が現れる」ことに起因すると思われる。

この「存在しないのに聞かれる子音間の母音」は「幻覚母音」と呼ばれる。同じような実験は他の言語話者に対しても行われており、韓国語話者[22]やブラジルに住むポルトガル語話者[23]なども幻覚母音を聞いてしまうことが報告されている。連続子音が存在する英語の話者でも、英語には存在しない [zb] や [bn] などの子音の連鎖を聞くと幻覚母音を聞いてしまうという主張もある[24]。ただし、近年では、この幻覚母音の解釈には注意が必要だという指摘もなされている。特に、日本語では無声母音（2.4.3 節、2.7.1 節）が存在するため、例えば [ebzo] の [b] の破裂を聞いた時点で、聴者がその破裂を無声母音と誤認してしまう可能性もある[25]。幻覚母音の解釈には様々な意見があるものの、「母語においてどのような音の連鎖が許されるか」という条件が知覚に何かしらの影響を与えていることは間違いない。

知覚が「母語においてどのような子音の連鎖が許されるか」に影響される事例は、英語でも報告されている。例えば、英語では [tr] で始まる単語は存在するが、[tl] で始まる単語は存在しない。また、[sl] で始まる単語は存在するが、[sr] で始まる単語は存在しない。そこで、[l] から [r] に変化する連続体を作り、[t] の後と [s] の後に置くと、[s] の後よりも [t] の後の方が [r] だと知覚されやすいことが分かっている[26]。

•••••••••••••••••••••••••••••••• 練習問題2 ••••••••••••••••••••••••••••••••

図 4.6-1 を参考にして、この英語の [l] と [r] の知覚実験の結果の概略的なグラフを描きなさい。

••

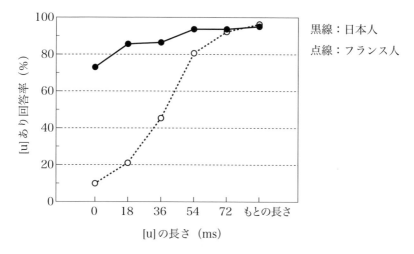

図 4.6-2：母音の知覚実験 [27]。

- [22] Kabak, B., & Idsardi, W. (2007) Perceptual distortions in the adaptation of English consonant clusters: syllable structure or consonantal contact constraints? Language and Speech 50: 23-52.
- [23] Dupoux, E., Parlato, E., Frota, S., Hirose, Y., & Peperkamp, S. (2011) Where do illusory vowels come from? Journal of Memory and Language 64: 199–210.
- [24] Berent, I., Steriade, D., Lennertz, T., & Vaknin, V. (2007) What we know about what we have never heard: evidence from perceptual illusions. Cognition 104: 591-630.
- [25] Robert D., Oh, M., & Davidson, L. (to appear) On the relation between online perception and loanword adaptation: evidence from the perception of illicit word-medial clusters. Natural Language and Linguistic Theory.
- [26] Massaro, D., & Cohen, M. (1983) Phonological context in speech perception. Perception & Psychophysics 34: 338–348.
- [27] Dupoux, E., Kakehi, K., Hirose, Y., Pallier, C., & Mehler, J. (1999) Epenthetic vowels in Japanese: a perceptual illusion? Journal of Experimental Psychology: Human Perception and Performance 25: 1568-1578. Published by APA (American Psychological Association). Figure 1 is adapted here with permission from APA．翻訳の正確性に関しては、APA は責任を負わない。

知覚音声学

このように、人間の知覚は、「母語にどのような単語が存在するか」「母語にどのような単語が多く使われるか」「母語においてどのような音の連鎖が許されるか」という要素に非常に強く影響を受ける❻。本書では立ち入らないが、この章で触れた要素以外にも、「ある刺激に対してどれだけ似たような単語が存在するか（neighborhood density）」「周りの音が与えられた時の条件付き確率（transitional probability, surprisal）」「周りの音が与えられた時の不確からしさ（predictability, entropy）」など様々な要因によって、知覚にバイアスがかかることが分かっている。少なくとも、私たちは聞こえてきた物理音をありのまま客観的に解釈しているわけではないということを理解しておこう。

•••••••••••••••••••••••••• 練習問題3 ••••••••••••••••••••••••••••••

調音音声学の章で、「未知の言語の調音特徴を記述するのも音声学者の仕事だが、もともと調音の仕方が分からない音を発音することは、よほど音声学のトレーニングを積んだ学者でないと（であっても？）難しい」と述べた（P.21）。本節の内容をもとに、その理由を説明しなさい。

•••

❻ 人間は外界をそのまま認識できるのか？

　人間は外界をそのままの形で認識することができるのか？　この問いは哲学の歴史の中で繰り返し議論されてきた。音声学の見地から考えると、「外界をそのままの形で認識するのは難しい」という結論になる。人間が聞いている音は「外耳道で共鳴し」「中耳によって圧力が増幅され」「内耳で周波数が対数変換されている音」である。この点ですでに、「自然界で鳴っている音」と「人間が聞いている音」は異なっている。さらに、この節で紹介したように、人間の音の解釈は母語に非常に強く影響される。音声知覚に限って言えば、「素のままで」外界の音を知覚することは不可能だと結論づけて良いだろう。

4.7 知覚と正規化

　人間の音声知覚のもう一つの重要な特徴としては、「音は文脈において解釈（知覚）される」ということがあげられる。例えば、日本語の「単音」と「促音」を比べると、促音の方が長い（2.9.1 節）。しかし、「早口で喋っている時の促音」と「ゆっくり喋っている時の単音」を比べると、促音の方が短くなることは珍しいことではない。これはつまり、子音の単独の長さだけで単音か促音かを判断するのは難しいということを意味する。音の長さを知覚する時には、発話の全体的な速さを同時に考慮する必要がある。「絶対的な子音の長さ」を「その音が発話されている文脈」を考慮に入れて相対化することを、統計の用語を借りて、「知覚的に正規化する」と言う。

　図 4.7-1 は「知覚の正規化」の実験結果である。この実験では、日本語の子音を人工的に少しずつ伸ばしていき、「いた [ita]」から「言った [itta]」に変化していく連続体を作った。この連続体を話速の速い（早口の）文章中に埋め込むと、話速の遅い文章中に埋め込んだ場合に比べて、「言った」と知覚する確率が高くなる。これは、日本語話者が「話速が速いスピードの文章では、本来は長い促音が短く発音されてしまう」ことを無意識に認識しており、その分を考慮に入れ（話速に対して「正規化」し）て子音の長さを知覚しているということである[28]。

　知覚の正規化のもう一つの例を見てみよう（図 4.7-2）。この実験では、[d] から [g] の連続体を [r] の後と [l] の後に置き、それぞれ [d] か [g] か判断させたところ、[l] の後より [r] の後の方が [d] と知覚される確率が高くなることが分かった。なぜこのような結果になるかについては様々な解釈があるが、その中の一つとして以下のようなものがある。[r] と [l] の調音点を比べると、[r] の方が [l] より後ろにある（2.3.3 節、P.43 の MRI 画像を参照）。よって、聴者は [d] か [g] か分からない音を聞いた場

---

[28]　平田由香里（1990）単語レベル・文レベルにおける日本人の促音の聴き取り. 音声学会報 194: 23-28.

知覚音声学

合、[l] の後で発音された子音は [l] との調音結合（P.44）との影響で、より前で発音されていると考える。つまり、調音結合の影響を逆算し、「[l]の影響で前に出ているのだから、本来は口腔のもっと後ろで発音されていたに違いない」と考えるということである。その結果、[d] よりも [g]の方が調音点が後ろなので、[g] と知覚する確率が高くなる[29]。この現象を「知覚の補完効果」と呼ぶこともある。さらに興味深いことに、[r] と[l] の区別をつけることができない日本人話者でも、図4.7-2のように、[l]の後と [r] の後では判断のパターンが異なる[30]。これは、日本人が意識的には [r] と [l] の区別がつけられなくても、無意識レベルでは [r] と [l] に関して何かしらの違いを感じているということを示している。

練習問題１

[t] から [k] の連続体を作り、[s] と [ʃ] の後に置いて、[t] が聞こえたか[k] が聞こえたか判断させた場合、[s] の後と [ʃ] の後、どちらの方で [k]と知覚する確率が高くなるか、理由も含めて答えなさい[31]。

練習問題２【上級】

「ギャノン効果（4.6節）」と「知覚の正規化」の相互作用を研究した実験がある[32]。この実験では、英語の母語話者に *fooliS* と *ChristmaS* という音を聞かせる（*S* は [s] と [ʃ] の中間の音）。これらの音の後に [t] から [k] の連続体を置くと、*fooliS* の後の方が *ChristmaS* の後よりも、[t]と知覚される確率が上がる。この結果から、人間の知覚について何が言えるか、考察しなさい。

---

[29] Mann, V. A.（1980）Influence of preceding liquid on stop-consonant perception. Perception & Psychophysics 28: 407-412.

4.7 知覚と正規化

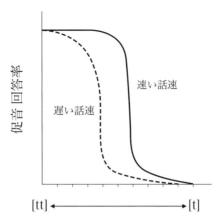

図 4.7-1：知覚の正規化（単音 vs. 促音）。

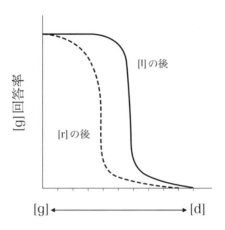

図 4.7-2：調音結合の逆算。知覚の補完効果。

---

(30) Mann, V. A. (1986) Distinguishing universal and language-dependent levels of speech perception: evidence from Japanese listeners' perception of English "l" and "r." Cognition 24: 169-196.
(31) Repp, B., & Mann, V. A. (1982) Fricative-stop coarticulation: acoustic and perceptual evidence. Journal of the Acoustical Society of America 71: 1562-1567.
(32) Elman, J. L., & McClelland, J. L. (1988) Cognitive penetration of the mechanisms of perception: compensation for coarticulation of lexically restored phonemes. Journal of Memory and Language 27: 143-165.

4.8 多感覚知覚

　本章はここまで「音声の知覚」に限って話をしてきたが、本節では少し広い視野から音声知覚を考えてみよう。音声知覚は、様々な実験によって、視覚や触覚からも強い影響を受けることが分かっている。この節では、このことを示す「多感覚知覚」と呼ばれる現象を紹介しよう。

　まず、視覚情報が音声知覚に影響している現象に、「マガーク効果」と呼ばれるものがある[33]。これは、例えば、「が」と発音している人の顔を見ながら「ば」という音を聞くと、「だ」に聞こえてしまうというような現象のことである（図 4.8-1）。

　両唇を閉じていない口から「ば」という音が発せられると、聴者は両唇音とは知覚できず、かつ「ば」の音が音響的には「が」からあまりに遠いため、結果として中間の「だ」だと知覚してしまう。また、両唇が閉じた口から発せられた音を聞くと、その音が実際は「だ」や「が」でも、ほとんどの場合「ば」であると知覚してしまう。これは、聴者が両唇を閉じる動作が見えた時点で、両唇音だと思ってしまうためである。一般的に、視覚情報は聴覚情報よりも強く知覚に影響することが分かっており、電話で相手の顔を見ずにコミュニケーションをとる難しさの要因の一つには、視覚情報の欠如もあげられる。

　マガーク効果がなぜ存在するかは、赤ちゃんが母語を学んでいる姿を観察すると良く分かる。赤ちゃんは周囲の大人の目をよく見ているだけでなく、口がどのように動くとどのような音が出るかもよく見ている[34]。私たち人間は赤ちゃんの時に視覚情報と聴覚情報を統合して学んでいるので、大人になっても視覚情報が音声知覚に強い影響を与えるというのは不思議なことではない[7]。マガーク効果は、インターネットで検索すると色々なデモ動画が見つかるので、実際に試してみると良い【参考リンクあり】。ただし、日本人の中にはマガーク効果の影響をあまり受けない人もいるという報告もあるので、デモ動画を見て、マガーク効果を実感できなくてもがっかりする必要はない。

4.8 多感覚知覚

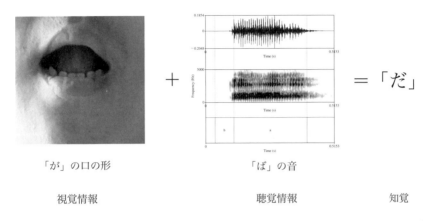

図 4.8-1：マガーク効果の一例。

> **7 顔を見て話そう**
> 著者の母親は長男を産んだ時、「どうせことばも分からない赤ちゃんに話しかけても意味がない」と思い、無言でオムツを替えていたらしい。そのためか、長男は言語発達が遅れたという。赤ちゃんは大人の口の動きと、そこから発せられる音を「見ながら」言語を学んでいる。また、難聴者の音声コミュニケーションでは、話者の口の動きも非常に重要な知覚的手がかりとなっている。私たちは普段あまり意識していないかもしれないが、音声コミュニケーションにおいても、相手に視覚情報を送ることは非常に大事なのである。

(33) McGurk H., & MacDonald, J. (1976) Hearing lips and seeing voices. Nature 264: 746-748.
(34) Lewkowicz, D., & Hansen-Tift, A. M. (2012) Infants deploy selective attention to the mouth of a talking face when learning speech. Proceedings of National Academy of Science 109: 1431-1436.

次に、触覚が音声知覚に与える影響を見ていこう。英語では [p] と [b] を比べると、[p] の方が破裂が強く、また無声音であるがゆえに帯気も強い（2.4.1 節、2.8.2 節）。自分の手のひらに向かって、[pa]、[pa]、[pa]、[ba]、[ba]、[ba] と発音してみると、二つの音の違いが感じられるだろう。聴者の首や右手に空気を吹きかけながら [p] と [b] の音を聞かせると、[p] と知覚する確率が高くなることが分かっている[35]。これは、首や右手に吹きかけられた空気を聴者が [p] の帯気として解釈した結果と考えられる。

さらに音声知覚は視覚や触覚だけでなく、コミュニケーションが行われる状況そのものに影響されることもある。ニュージーランド英語とオーストラリア英語では、母音の音色が微妙に異なる。ニュージーランド英語とオーストラリア英語のバイリンガル話者に「どの母音が発音されたか」を判断させる実験を行い、その際、聴者の前にコアラやカンガルーの人形を置いておくと、オーストラリアの母音体系に即した形でその母音の音色を判断し、ニュージーランドにしか存在しないキーウィという鳥の人形を置いておくと、ニュージーランドの母音体系に即した形でその母音の音色を判断する[36]。この実験結果は、物理的には同じ音を知覚する際、文字通りの周囲環境からも人間は影響を受けることを示している。

言い方を少し変えると、人間は音声を知覚する際、「周りの文脈から推測できることを積極的に取り入れている」とも言えよう。このような認知プロセスを数学的に捉えるためには「ベイズ推定」という手法が非常に効果的である。ベイズ推定の解説だけでも別の本が一冊書けてしまうので、ここでは簡単に説明しよう。例えば、学校で見かけた学生の性別が分からず、その人の性別を予測するという状況を考えてみよう。もしその学生を見かけたのが理工学部だった場合、予測としては「男性」となりやすく、その学生を見かけたのが文学部だった場合、「女性」となりやすい。これは「理工学部所属、かつ女性」である確率と「文学部所属、かつ女性」である確率を比べた場合、後者の方が高いからである。これ

らの「周りの文脈から推測できる確率」は「事前確率」と呼ばれる。し
かし、例えば「その学生の髪の毛が長い」というような、追加の「証拠」
があると「女性」と推測する確率は変動する。ベイズ推定は、この「事
前確率」と「証拠」を考慮に入れて最終的な確率（「事後確率」）を推定
する方法である。ニュージーランド英語とオーストラリア英語の実験は、
人間の知覚がベイズ推定でモデル化できる良い例である。近年、ベイズ
推定を音声知覚の分析に応用する研究が増えつつあり、これからもベイ
ズ推定の音声学への応用が広がっていくことが予想される[37]。

•••••••••••••••••••••••• 練習問題1 ••••••••••••••••••••••••

　多感覚知覚のさらなる例として、「音象徴」という現象があげられる。
例えば、ある言語には大きなテーブルを表す単語と小さなテーブルを表
す単語、*mil* と *mal* が存在するという。どちらの単語がどちらのテーブ
ルを指すか、答えなさい。

•••

•••••••••••••••••••••••• 練習問題2 ••••••••••••••••••••••••

　名前が「サタカ」と「ワマナ」という二人の女の子が目の前にいると
する。名前から、どちらの女の子の方が優しいという印象を受けるか、答
えなさい[38]。

•••

---

[35]　Gick, B., & Derrick, D. (2009) Aero-tactile integration in speech perception. Nature 462: 502-504.

[36]　Hay, J., & Drager, K. (2010) Stuffed toys and speech perception. Linguistics 48: 865-892.

[37]　Perfors, A., Tenenbaum, J. B., Griffiths, T. L., & Xu, F. (2011) A tutorial introduction to Bayesian models of cognitive development. Cognition 120: 302-321.

[38]　「音象徴」について詳しくは、拙著『「あ」は「い」より大きい!?』を参照。

知覚音声学

4.9 知覚と第二言語習得

4.6 節で見たように、人間の知覚は母語に非常に強い影響を受けるが、これが第二言語習得を難しくしている要因の一つとなっている。日本語の話者は子音と子音の間にどうしても母音を聞いてしまうし、英語話者であっても、[tl] という音の連鎖は非常に聞きとりにくく、ヘブライ語などで [tl] という音が出てくると [kl] と誤解してしまう[39]。つまり、母語でない言語音を正しく知覚するのが難しいのは、当たり前のことなのである ⑧。

　一般的に、外国語学習は年齢が低ければ低いほど上手くいくと言われているが、実際はどうなのだろうか？　ある研究で、英語圏に移住した移民の英語がどれくらい訛っているか母語話者に判定してもらい、その訛り度合いを「生後何歳の時に移住したか」と比較したところ、図4.9-1のように、全体的に右下がりの傾向が見られた。これは、移住した時の年齢が低ければ低いほど外国語訛りは少なくなるということを示している。12 歳に達する前に移住した人たちのことばには訛りが少ないことが見てとれる一方で、それ以上の月齢で移住した人たちの訛りの度合いは、月齢の上昇とともに高くなっていくことも分かる ⑨。

　この結果からも分かるように、第二言語を完璧に習得することは非常に難しい。英語を学ぶ日本人は [r] と [l] の弁別で苦労するが、この問題は知覚音声学でも非常によく取りあげられる。例えば、第三フォルマントを少しずつ変えて [r] から [l] への連続体を作り、英語話者と日本語話者に聞かせて弁別課題の実験を行うと、図4.9-2(a)のような結果が得られる。英語話者はカテゴリー知覚の節（4.4 節）で見たように、[r] から [l] に知覚が変化するあたりで弁別正答率が上がる。これに対して、日本語話者は [r] と [l] の弁別がほとんどできない。

　この実験では、[r] と [l] から取り出した第三フォルマント（3.4.7 節）だけを弁別させる実験も行われており、図4.9-2(b)はその結果を示したものである。なんと「[r] と [l] の第三フォルマントだけ」の弁別に関し

222

4-9 知覚と第二言語習得

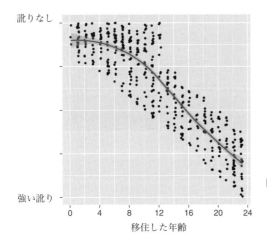

図 4.9-1：移住した年齢と訛りの相関関係 [40]。

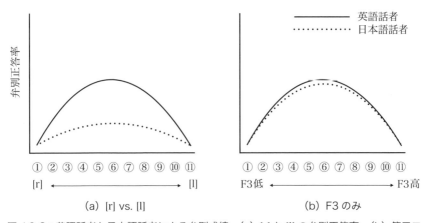

図 4.9-2：英語話者と日本語話者による弁別成績。(a) [r] と [l] の弁別正答率、(b) 第三フォルマントのみ [41]。

---

[39] Halle, P., & Best, C. (2007) Dental-to-velar perceptual assimilation: a cross-linguistic study of the perception of dental stop+/l/ clusters. Journal of the Acoustical Society of America 121: 2899-2914.

[40] Flege, J. (1999) Age of learning and second-language speech, In Birdsong, D. (ed.) Second language acquisition and the critical period hypothesis. Hillsdale, NJ: Lawrence Erlbaum. pp. 101-132 の図 5.1 を参考にして、著者が概略化して描き直したもの。

[41] Miyawaki, K., Strange, W., Verbrugge, R., Liberman, A.M., Jenkins, J.J., & Fujimura, O. (1975) An effect of linguistic experience: the discrimination of [r] and [l] by native speakers of Japanese and English. Perception & Psychophysics 18: 331-340 の結果をもとに、著者が簡略化して描き直したもの。

ては、英語話者も日本語話者も正答率がほとんど同じである。つまり、日本語話者は [r] と [l] を区別する音響成分を弁別することはできるが、それが [r] と [l] という音の中に含まれると弁別できなくなるということである。なぜ第三フォルマントという音響成分の弁別はできるのに、それが言語音の中に入ると弁別できなくなるのか？　この問題も音声学における未解決の問題である。

🔳8 外国語が苦手なのは…

　著者の思い込みかもしれないが、日本人には「日本人だけが外国語が苦手」と思っている人が多いような気がする。しかし、外国語の音を正しく知覚するのは、誰にとっても難しい。日本語がかなり上手なアメリカ人でも、日本語のアクセントの違い（2.9.2 節）を知覚するのは非常に難しい。また、[bʲooiɴ]（病院）vs. [bʲijooiɴ]（美容院）といった区別も難しい。同じように、フランス人は英語の強勢の位置を知覚するのが非常に苦手であるし、フランス語では [h] を発音しないので、英語を発音する時にも [h] を落として発音してしまう。韓国語には有声性の区別がないので、日本語の有声性の区別を知覚するのが苦手である。著者の友人の韓国人の音声学者は、「さんかくかんすう」を「さんがくがんすう」と発音してしまう。日本人だけ外国語が苦手なのではないのである。

🔳9 完璧な英語学習？

　グローバル社会における英語の必要性が叫ばれる現在、「完璧な英語を求めて英語圏に移住するべき」なのだろうか？「完璧な英語」だけが目的ならば、できるだけ若い時に移住するに越したことはない。しかし、若い時に移住すれば、母語の発達にネガティブな影響が起きることも考慮しなければならない。よって、完璧な英語を求めるよりも、図 4.9-1 を見て、「完璧な英語を目指す必要はない」と楽観的に構えて英語を学ぶ方が良いのではないか、と著者は思っている。

4.10 補足

　本章は字数制限の都合から、第2・3章に比べてやや短くなってしまった。本章では扱わなかった知覚音声学の大きな問題の一つとして、聴者が知覚しているものは「音響情報そのものか」または「音響から類推された調音運動か」という議論がある。言い換えると、音声知覚の際、音響情報が一度調音運動に「翻訳」されるか否かという問いである。この問題については大きく分けて三つの立場があり、それぞれの立場から知覚音声学を解説している良い論文が出ているので、最後に紹介しておこう。

　「聴者が知覚しているものは音響情報そのものである」とするのがAuditorist Theory で、この理論を説明しているのは以下の論文である：

> Diehl, R. L., Lotto, A. J., & Holt, L. L. (2004) Speech perception. Annual Review of Psychology 55: 149-179.

　「聴者が知覚しているものは音響から類推された調音運動である」とする理論には Motor Theory やアフォーダンス心理学にもとづいた Direct Realism がある。Direct Realism の紹介は以下の論文を参照すると良い：

> Fowler, C. A., Shankweiler, D., & Studdert-Kennedy, M. (2016) "Perception of the speech code" revisited: Speech is alphabetic after all. Psychological Review 123: 125-150.

　Motor Theory は心理学の分野でも知覚音声学の分野でも非常に重要な理論で、以下の論文に要旨がまとめられているが、少し専門性が高い。特に Motor Theory はミラーニューロンの発見によって、心理学の分野からも注目を集めている。

> Liberman, A. M., & Mattingly, I. G. (1985) The motor theory of speech perception revised. Cognition 21: 1-36.

　これらの論文では、それぞれの理論の紹介だけでなく知覚音声学の様々な実験も紹介しているので、本節を読み終えた後に挑戦してみると非常に良い勉強になるだろう。

5 終章

5.1 書籍案内

　本書は、時に既存の入門書の枠を越えながら、音声学の基礎を包括的に解説してきた。ここまで辿りついた読者には、「音声学の基礎は理解した」と堂々と胸をはって良い。もちろん、音声学の世界は広大であるので、これからもさらに学びを深めていってほしい。たとえるならば、本書は「音声学を手取り足取り学ぶ教習所」で、本書を全て理解した読者は「音声学の世界への運転免許」を取得したも同然である。この免許を携え、面白そうな音声学の名所を巡ってみてほしい。

　以下に、音声学の理解をさらに深めていくための参考文献をあげる。ほとんど英語の書籍ではあるが、本書に出てきた音声学用語の英語訳が本書の索引に載せてあるので、そちらも参考にしながら挑戦することをおすすめする。

【音声学一般】

Ladefoged, P., & Disner, S. F. (2012) Vowels and consonants. Oxford: Wiley-Blackwell.

　　英語で書かれた音声学の教科書の中で、一番易しい。ただし、内容的には本書の方が一歩先を行っているので、復習するつもりで読むと良いだろう。英語で音声学に親しみたい人に有用である。

Reetz, H., & Jongman, A. (2008) Phonetics: transcription, production, acoustics, and perception. Oxford: Wiley-Blackwell.

　　英語で書かれた教科書の中で最も包括的に音声学を扱っている。著者はアメリカで教鞭をとっていた時、この教科書を使っていた。内

容は本書と重なる部分が多く、本書が理解できればこの本もほぼ理解できるはずである。

【調音音声学】

Gick, B., Wilson, I., & Derrick, D. (2013) Articulatory phonetics. Oxford: Wiley-Blackwell.

　　本書では、肺や声帯の仕組みなど生理学的な事項をあまり詳しく扱わなかったが、それら調音音声学の生理学的基盤を理解したい人に有用である。

Seikel, A. J., King, D. W., & Drumright, D. G. (2009) Anatomy & physiology for speech, language and hearing. New York: Delmar Cengage Learning.

　　上の本に比べると医学的な色合いが少し濃い本ではあるが、その分、人間の音声に関する生理学が詳しく解説されている。言語聴覚士を目指す人に有用である。

国立国語研究所（1990）日本語の母音，子音，音節：調音運動の実験音声学的研究．秀英出版．

　　X 線や EPG などを用いて日本語の音声の詳細を記述した資料集で、口腔内気圧の変化なども詳細に記述されている。現在では、国立国語研究所のウェブサイトからダウンロードすることが可能（http://db3.ninjal.ac.jp/publication_db/item.php?id=100170101）。

【音響音声学】

Johnson, K. (2012) Acoustic and auditory phonetics: 3rd edition. Oxford: Blackwell.

　　音響音声学の工学的なところまで扱っており、音響音声学に興味を持った読者におすすめできる。内容は本書の一歩先を行っている部

終章

分もあるが、非常に分かりやすく書かれているので、本書を読み終えた読者であれば、この本を読むのに大きな問題はないだろう。

Stevens, K. N. (1998) Acoustic phonetics. Cambridge: MIT Press.

　音響の数学的・物理学的基盤を解説しており、また人間音声の音響を最も包括的に扱っている名著である。ただし、使われている数学が本書で扱ったものよりも高度なので、内容を理解するためにはかなりの数学的素養が必要となる。数式を見ても挫けない心が必要最低条件となる。上級者向け。

【他言語の音声学】

Ladefoged, P., & Maddieson, I. (1996) The sounds of the world's languages: 2nd edition. Oxford: Blackwell.

　本書では英語と日本語を中心に話を進めてきたが、他の言語音に興味がある読者には、間違いなくこの本がおすすめである。著者も自分の研究で他言語の音声を調べる必要がある時には、辞書のように使うことがある。

【実用書】

Ladefoged, P. (2003) Phonetic data analysis. Oxford: Blackwell.

　音声分析に関する具体的なアドバイスに溢れており、フィールドに出て未知の言語を音声学的に分析したい人には、この本が有用である。

【ハンドブック】

Hardcastle, W. J., & Laver, J. (1997) The handbook of phonetic sciences. Oxford: Wiley-Blackwell.

　26章からなる音声科学のハンドブック。章同士は独立しているので、

興味のあるトピックから読むことができる。本書で取り扱うことができなかったトピックも多く取り扱っている。

Hardcastle, W.J., Laver, J., & Gibbon, F. E.（2010）The handbook of phonetic sciences: 2nd edition. Oxford: Wiley-Blackwell.
　上記のハンドブックの改訂版だが、内容はかなり刷新されている。どちらの版がより優れているということではなく、カバーされている内容が違うので、どちらもおすすめしたい。

【統計・信号検出理論】

Baayen, R. H.（2008）Analyzing linguistic data: a practical introduction to statistics using R. Cambridge: Cambridge University Press.
　音声学・言語学での統計手法の第一人者による入門書。音声学の観点から統計を学ぶには、この本が一番良い。フリーソフトであるRの基本的な使い方も学べる。

Johnson, K.（2007）Quantitative methods in linguistics. Oxford: Wiley-Blackwell.
　音声学だけでなく、社会言語学や心理言語学の分野で使われている統計の手法も学べる。この本でもRを使って統計を学ぶことができる。

Macmillan, N., & Creelman, D.（2005）Detection theory: a user's guide, 2nd edition. Mahwah: Lawrence Erlbaum Associates Publishers.
　信号検出理論の教科書で、知覚音声学の実験を真剣に行いたい人には必読の一冊。ただし、前提となる数学の理解が必要となる。統計の基礎的な知識を学んでから読むのが望ましい。上級者向け。

終章

【コーパス音声学】

Harrington, J. (2010) Phonetic analysis of speech corpora. Oxford: Wiley-Blackwell.

近年、「コーパス」と呼ばれる大量の音声データを集めたデータベースが普及してきており、「コーパス音声学」という新たな一分野として発展をとげている。特に自然な状況で発音された音声の分析に興味がある人にすすめる一冊[1]。

これらの書籍に加え、本書に引用されている文献の原点も積極的に読んでほしい。本書の内容を理解していれば、かなりの部分は理解できるはずである。あとは、Journal of Phonetics、Phonetica、Language and Speech、Journal of the Acoustical Society of America、Journal of International Phonetic Association、Phonology などの国際雑誌の目次を見て、自分の興味と関係がありそうな論文に挑戦して行けば、音声学の世界はさらに広がるであろう。

[1] コーパスで分析したい人に

英語で最も有名な音声コーパスは Buckeye corpus で、無料で使用することができる（http://www.buckeyecorpus.osu.edu）。日本語にも様々なコーパスが存在するが、最も有名なものに「日本語話し言葉コーパス」がある（http://pj.ninjal.ac.jp/corpus_center/csj/）。日本語の言語コーパスに関するまとめは以下のサイトを参照：https://www.ninjal.ac.jp/database/type/corpora/。

5.1 書籍案内／5.2 データ出典

5.2 ┊ データ出典

　調音音声学の章で紹介したデータは、多くの先生方のご厚意にもとづいている。以下の先生方に感謝を捧げたい。

MRI データ（2.2.2 節他）：Donna Erickson 先生（Haskins Laboratory）、定延利之先生（京都大学）

EPG データ（2.9.1 節）：Alexei Kochetov 先生（University of Toronto）

PGG デモ画像（2.4.3 節）、EPG データ（2.2.4 節他）：松井理直先生（大阪保健医療大学）

PGG データ（2.4.3 節）：今川博先生（東京大学）、藤本雅子先生（早稲田大学）

声帯ハイスピードカメラ画像・動画（2.4.4 節）：榊原健一先生、大塚満美子先生、田山二朗先生、今川博先生（東大病院耳鼻咽喉科音声研究チーム）

EMA データ（2.7.1 節）：Jason Shaw 先生（Yale University）

超音波データ（2.7.2 節）：Sang-Im Lee-Kim 先生（National Chiao Tung University）、Lisa Davidson 先生（New York University）

口腔内気圧変化データ（2.8.1 節）：Phil Hoole 先生（Ludwig-Maximilians-Universitaet Muenchen）

ナゾメーターデモ写真（2.8.3 節）：Natasha Warner 先生（University of Arizona）

ナゾメーターデータ（2.8.3 節）：Jeff Mielke 先生（North Carolina State University）

5.3 謝 辞

　本書の内容は、University of Massachusetts、University of Georgia、Rutgers University、慶應義塾大学、関西学院大学、国際基督教大学、首都大学東京、京都大学、名桜大学、東京言語研究所などで行った授業や集中講義の教材をもとにしており、著者の音声学入門の授業内容を書き起こしたものと言っても良い。授業を通じて、音声学を学ぶ際にどのような概念が難しいか伝えてくれた学生諸君に感謝する。特に、国際基督教大学の学生は疑問があれば自分たちが納得するまで引き下がらず、著者の授業を楽しんでくれた。彼・彼女らのコメントがなければ、本書はこのような形にはなっていなかっただろう。

　原稿の一部または全部に細かく目を通してくださった今川博先生、熊谷学而先生、杉山由希子先生、竹村亜希子先生、松井理直先生、水口志乃扶先生に感謝したい。特に、日本語の音声学の専門用語に関しては、松井先生に多くご指導頂いた。慶應義塾大学の五所万実さん、塩田智君、国際基督教大学の浅野真菜さんからは、学生の視線から丁寧なコメントを頂いた。前二冊同様、本書は学部時代の同志である翻訳家の松谷汀さんの校正によって、音声学を知らない読者にも読みやすい入門書とすることができたと思う。彼女の辛辣かつ率直な意見と細かい原稿チェックに感謝する。

　父であり、共同研究者でもある川原睦人先生には、本書の数学・物理に関する記述を確認してもらった。一緒に偏微分方程式を解きながら、「入門書で、波の特性に関して、何を、どこまで、どのように伝えるか」議論してくれた父には感謝のことばもない。父からの「今の時点での音声学の理解をまとめることに意義がある」と励ましてもらったことは、この本を仕上げる大きな後押しとなった。著者の体調を気遣い、本書の執筆をサポートしてくれた母にも心から感謝したい。

　調音音声学の章は、Jason Shaw 先生との議論と共同研究から得られた洞察がなければ書けなかっただろう。2015 年から続けている彼との

毎週の話し合いを通じ、常に多大な刺激を受けている。2017 年に惜しくも亡くなられた藤村靖先生には、大学院時代から個人的に非常に可愛がって頂いた。先生が生き生きと話してくださった音声科学研究の思い出話は、著者が勉学・研究に挫けそうになった時、大きな支えとなった。

Last but not least, millions of thanks to my advisor Prof. John Kingston, who taught me practically everything about phonetics; the chapters on acoustic phonetics and perception are heavily influenced by your classes, as well as our interaction over the past 15 years. Thank you for your continued support for my research career.

本書の執筆は、科学研究費（若手研究（B）#26770147, #17K13448 及び基盤研究（B）#26284059）の支援を受けている。慶應義塾大学言語文化研究所の事務の大場美佳さんには、本書の執筆中、他の雑務に加え、本書に関する雑務も色々とお願いしてしまった。本書の執筆に専念することができたのは彼女のおかげである。

2015 年に妻・朋子との間に娘の咲月が生まれてから、本書は三冊目の本となる。三本目の原稿書きにもかかわらず、妻は文句も言わず、自身の研究を続けながら育児と家事をこなし、著者の研究を支えてくれた。娘・咲月の「おしごとおわった？」ということばは著者の活力源となった。また、カラー図作成の際に、色彩センスの無い著者に代わって色を選んでくれた娘に感謝する。

これらの多種多様なサポートにもかかわらず、本書に誤解を招くような表現や誤りがあるとすれば、それは全て著者の責任によるものである。しかし、序章でも述べたように、音声学は科学である。ゆえに、絶対唯一の答えというものは存在しない。本書の記述・分析に不満や疑問が感じられた読者は、音声学の道を真に歩んでいる証と思って頂きたい。

2018 年 4 月
咲月の入園式を心待ちにしながら。

川原 繁人

主要用語索引（英語訳付き）

あ

曖昧母音（シュワ）〔schwa〕 64, 133, 144, 172

アクセント〔accent〕 88-93

アノテーション〔annotation〕 95, 97

アンチフォルマント〔anti-formant〕 158-159

位相〔phase〕 102

一管モデル〔one-tube model〕 128 -134

咽頭〔pharynx〕 24, 27

咽頭反射〔gag reflection〕 34

イントネーション〔intonation〕 88

ウェーブレット関数〔wavelet function〕 117

鋭〔acute〕 150-151

円唇母音〔rounded vowel〕 59, 144 -145

覆い幕〔tectorial membrane〕 190

音圧レベル〔sound pressure level (SPL)〕 108-113

音響音声学〔acoustics phonetics〕 94

音象徴〔sound symbolism〕 221

音速〔speed of sound〕 126-127

か

外耳〔outer ear〕 188-189

開放〔release〕 36, 74-75

蝸牛〔cochlea〕 188, 190

加重平均〔weighted average〕 151

カテゴリー知覚〔categorical perception〕 200-203, 205

感音性難聴〔sensitive hearing loss〕 193

感度〔sensitivity〕 207

基底膜〔basilar membrane〕 190

基本周波数〔fundamental frequency (f0)〕 124, 194, 196

ギャノン効果〔Ganong effect〕 210

境界条件〔boundary condition〕 128, 136

強勢（ストレス）〔stress〕 172-173

共鳴〔resonation〕 126

共鳴音〔sonorant〕 74

緊張母音〔tense vowel〕 62, 67

空気力学〔aerodynamics〕 74

矩形波〔square wave〕 116-120

幻覚母音〔illusionary vowel〕 212

口蓋〔palate〕 24

口蓋垂〔uvula〕 24

口蓋帆〔platine velum〕 24

口腔〔oral cavity〕 22

硬口蓋〔hard palate〕 24

硬口蓋音〔palatal sound〕 26

硬口蓋化〔palatalization〕 30-32

口腔内気圧〔intraoral airpressure〕 74-82

後舌母音〔back vowel〕 58, 141-142, 194

喉頭〔larynx〕 24

喉頭音〔laryngeal〕 28

喉頭特徴〔laryngeal contrast〕 47

後部歯茎音〔post-alveolar〕 26

高母音〔high vowel〕 58, 140, 194

国際音声記号〔International Phonetic Alphabet (IPA)〕 16

コクリアグラム〔cochleagram〕 192-193

五十音表 57

孤度〔radian〕 101

鼓膜〔tympanic membrane〕 189-190

コルチ器〔the organ of Corti〕 190-191

さ

三角関数〔trigonometry〕 98

三管モデル〔three-tube model〕 136-139

三半規管〔semicircular canals〕 189-190

サンプリング周波数〔sampling frequency〕 182-183

子音〔consonant〕 15-17, 22

歯音〔dental〕 26

耳介〔auricle〕 188

歯間音〔inter-dental〕 26

弛緩母音〔lax vowel〕 62

歯茎〔alveolar ridge〕 24

歯茎音〔aleveolar〕 24

歯茎硬口蓋音〔alveolo-palatal〕 26

刺激時間間隔〔inter-stimulus interval (ISI)〕 205

事後確率〔posterior probability〕 221

指数関数〔exponential function〕 174

事前確率〔prior probability〕 221

舌先〔tongue tip〕 28, 66-73

舌先音〔coronal〕 28

舌と口蓋の接触〔linguo-palatal contact〕 32-35, 42-45, 82-83, 86-88

舌の奥〔tongue dorsum〕 31, 66-73

舌の真ん中〔tongue blade〕 32, 66-73

周期〔period duration〕 104

重心〔center of gravity (COG)〕 148

周波数〔frequency〕 103, 113, 120

集約的〔compact〕 150-151

受動調音器官〔passive articulator〕 24

シュワ→曖昧母音

情報理論〔Information Theory〕 180

初期位相〔initial phase〕102

唇音〔labial〕28, 150-156

信号検出理論〔Signal Detection Theory (SDT)〕206-209

唇歯音〔labio-dental〕26

振幅〔amplitude〕102, 108, 120

心理物理学〔psychophysics〕209

スペクトル〔spectrum (sg.)／spectra (pl.)〕118-123

スペクトログラム〔spectrogram〕94-97, 122-123, 166-171

正規化〔normalization〕215

正弦波（サイン波）〔sine wave〕101-104

声帯〔vocal folds〕24, 54

声帯下空間〔subglottal cavity〕76

声帯振動〔vocal fold vibration〕46

声調〔tone〕89

声門閉鎖音〔glottal stop〕28-29

接近音〔approximant〕38

舌頂音〔coronal〕24, 150-156

舌背音〔dorsal〕24, 28, 150-156

狭め〔constriction〕24

狭母音〔closed vowel〕58, 140, 194

前舌母音〔front vowel〕58, 141, 142, 194

尖度〔kurtosis〕151

疎（音響特徴としての）〔diffuse〕150

疎（空気の）〔rarefaction〕105

ソース・フィルターモデル〔Source filter model〕124-125

阻害音〔obstruent〕74

促音〔geminate〕80, 86-88

側面音〔lateral〕38

側面狭窄〔lateral constriction〕34, 42

疎密波〔compression wave〕105

反り舌のr〔retroflex r〕43

た

第一フォルマント〔first formant (F1)〕124, 132-146, 194-195

第一種過誤〔Type I error〕206

帯気〔aspiration〕47, 220

第三フォルマント〔third formant (F3)〕125, 132-146

対数関数〔logarithmic function〕177

対数的〔logarithmic〕108

第二言語習得〔second language acquisition〕222-223

第二種過誤〔Type II error〕206

第二フォルマント〔second formant (F2)〕122, 132-146, 194-195

多感覚知覚〔multimodal perception〕218

縦波〔longitudinal wave〕105

単位円〔unit circle〕99

単音〔simplex wave〕 86

知覚〔perception〕 186

知覚音声学〔perceptual phonetics〕
186

知覚の補完効果〔perceptual
compensation〕 216

中耳〔middle ear〕 189-190

中母音〔mid vowel〕 58, 194-195

調音音声学〔articulatory phonetics〕
20

調音運動の楽譜〔gestural score〕
69

調音器官の連動〔gestural
coordination〕 69

調音結合〔coarticulation〕 42, 44,
50

調音点〔place of articulation〕 22,
27, 57, 150-156, 196, 198

超音波〔ultrasound〕 70-73

調音法〔manner of articulation〕
36, 57

聴覚〔audition〕 186-187

低母音〔low vowel〕 58, 140, 194

デシベル〔dB〕 94, 108

伝音性難聴〔conductive hearing
loss〕 193

同定課題〔identification task〕 200,
204

等ラウドネス曲線〔equal loundness
curve〕 113

閉じ〔closure〕 24

鈍〔grave〕 150-151

な

ナイキスト周波数〔Nyquist
frequency〕 182

ナイキストの定理〔Nyquist
theorem〕 182

内耳〔inner ear〕 189-190

ナゾメーター〔nasometer〕 83-85

波の重ね合わせの原理
〔superposition principle〕 114

軟口蓋〔soft palate〕 24

軟口蓋音〔velar sound〕 26

難聴〔hearing disorder〕 193

二管モデル〔two-tube model〕 134
-136

二重母音〔diphthong〕 62

二択強制選択法〔2 Alternative
Forced Choice (2AFC)〕 204

能動調音器官〔active articulator〕
24, 28

のこぎり波〔saw-tooth wave〕 116
-120

は

バーク〔bark〕 192

バイアス〔bias〕 208-209

倍音〔harmonics〕 124

ハイスピードカメラ〔high speed

camera〕 53-55

波形〔waveform〕 95

破擦音〔affricate〕 37, 42, 45

弾き音〔flap〕 39, 172

パスカル〔Pascal (Pa)〕 108

波長〔wave length〕 126

撥音〔coda nasal〕 16-17

破裂〔burst〕 36, 75, 150, 196

破裂音〔plosive〕 36, 150, 196-197

半狭母音〔semi-open vowel〕 58

半母音〔glide/semi-vowel〕 38, 198

鼻音〔nasal〕 38, 84, 156-160

鼻音摩擦音〔nasal fricative〕 84

鼻腔〔nasal cavity〕 37

鼻濁音〔velar nasal〕 26

ピッチ〔pitch〕 88, 103

鼻母音〔nasalized vowel〕 39

標準偏差〔standard deviation〕
151

標本化の定理〔sampling theorem〕
182

広母音〔open vowel〕 58

ピンクノイズ〔pink noise〕 120

フーリエ変換〔Fourier transform〕
96, 114-118

フォルマント〔formant〕 124

フォルマント遷移〔formant
transition〕 152, 196

複合音〔complex wave〕 104

分散〔variance〕 151

分散的〔diffuse〕 150-151

平均〔average〕 151

閉鎖音〔(oral) stop〕 36

ベイズ推定〔Bayesian inference〕
220

ヘルムホルツ共鳴〔Helmholtz
resonation〕 138

弁別課題〔discrimination task〕
200, 204

ボイルの法則〔Boyle's Law〕 77

母音〔vowel〕 22, 58, 143

ホワイトノイズ〔white noise〕 120

ま

マガーク効果〔McGurk Effect〕 218

摩擦音〔fricative〕 37, 146-149

密（音響特徴としての）〔compact〕
150

密（波の）〔compression〕 105

無声音〔voiceless〕 46, 54

無声化母音〔devoiced vowel〕 52,
67, 82

盛りあがり舌のr〔bunched r〕 43

や

有声音〔voiced〕 46

有声性〔voicing contrast〕 46, 57,
160-165

有声阻害音〔voiced obstruent〕 76
-82

有毛細胞〔hair cell〕 190-192
拗音〔palatalized consonant〕 30
横波〔transverse wave〕 106

ら

ラウドネス〔loudness〕 109
乱流〔turbulence〕 36, 146
離散コサイン変換〔Discrete Cosine
　　Transform (DCT)〕 117
流音〔liquid〕 38, 158-161
量子化レベル〔quantization level〕
　　184
両唇音〔bilabial〕 24, 26
連続体〔continuum〕 202

わ

歪度〔skew〕 151

英数字

4IAX法 205
ABX法 205
AM 163
ATR (Advanced Tongue Root) 64
AX法 204
COG→重心
d′ 207
DCT→離散コサイン変換
EGG (Electroglottograph) 47
EMA (Electromagnetic
　　Articulograph) 66

EPG (Electropalatography) 32-35,
　　40-45, 82-83, 86-88
FM 163
fps (frame per second) 54
IPA→国際音声記号
ISI→刺激時間間隔
MinMaxルール〔MinMax rule〕 154
MRI (Magnetic Resonance Imaging)
　　24, 28-33, 40-43, 60-67
PGG (Photoglottogram) 50-51
RTR (Retracted Tongue Root) 64
SDT→信号検出理論
SNR (Signal Noise Ratio) 112
SPL→音圧レベル
velar pinch 152, 168
VOT (Voice Onset Time) 162
X線マイクロビーム〔x-ray
　　microbeam〕 66

川原 繁人（かわはら しげと）

1980年東京生まれ。2002年国際基督教大学学士（教養）、2007年マサチューセッツ大学博士（言語学）。ジョージア大学言語学プログラム助教授（2007-2008）、ラトガーズ大学言語学科・認知科学センター助教授（2008-2013）を経て、現職の慶應義塾大学言語文化研究所教授。専門は音声学・音韻論・一般言語学。前著に『音とことばのふしぎな世界（岩波科学ライブラリー244）』（岩波書店）、『「あ」は「い」より大きい!? 音象徴で学ぶ音声学入門』（ひつじ書房）、近著に『音声学者、娘とことばの不思議に飛び込む』（朝日出版社）、『フリースタイル言語学』（大和書房）がある。学術論文を多数出版し、国際雑誌の編集者や編集委員を歴任。

ビジュアル音声学

2018年7月10日　第1刷発行
2023年1月25日　第4刷発行

著　者：川原繁人
発行者：株式会社 三省堂　代表者 瀧本多加志
印刷者：三省堂印刷株式会社
発行所：株式会社 三省堂

〒102-8371
東京都千代田区麹町五丁目7番地2
電話（03）3230-9411
https://www.sanseido.co.jp/

落丁本・乱丁本はお取り替えいたします。
©Shigeto KAWAHARA 2018
Printed in Japan
ISBN978-4-385-36532-9
〈ビジュアル音声学・240pp.〉

本書を無断で複写複製することは、著作権法上の例外を除き、禁じられています。また、本書を請負業者等の第三者に依頼してスキャン等によってデジタル化することは、たとえ個人や家庭内での利用であっても一切認められておりません。